"ධම්මෝ හි වාසෙට්ඨා, සෙට්ඨෝ ජනේතස්මිං
දිට්ඨේ චේව ධම්මේ, අභිසම්පරායේ ච."

වාසෙට්ඨයෙනි, මෙලොවෙහි ත්, පරලොවෙහි ත්
ජනයා අතර ධර්මය ම ශ්‍රේෂ්ඨ වෙයි !

- අග්ගඤ්ඤ සූත්‍රය - භාග්‍යවත් බුදුරජාණන් වහන්සේ

නුවණ වැඩෙන බෝසත් කථා - 21
ජාතක පොත් වහන්සේ

(නතංදළ්හ වර්ගය)

පූජ්‍ය කිරිබත්ගොඩ ඤාණානන්ද ස්වාමීන් වහන්සේ

© සියලුම හිමිකම් ඇවිරිණි.

ISBN : 978-955-687-136-4

ප්‍රථම මුද්‍රණය	:	ශ්‍රී බු.ව. 2561 ක් වූ බිනර මස පුන් පොහෝ දින
සම්පාදනය	:	මහමෙව්නාව භාවනා අසපුව වඩුවාව, යටිගල්ඔළුව, පොල්ගහවෙල. දුර : 037 2244602 info@mahamevnawa.lk | www.mahamevnawa.lk

පරිගණක අකුරු සැකසුම, පිටකවර නිර්මාණය සහ ප්‍රකාශනය :

මහාමේඝ ප්‍රකාශකයෝ

වඩුවාව, යටිගල්ඔළුව, පොල්ගහවෙල.

දුර : 037 2053300, 076 8255703

mahameghapublishers@gmail.com

මුද්‍රණය	:	තරංජි ප්‍රින්ට්ස්, 506, හයිලෙවල් පාර, නාවින්න, මහරගම. ටෙලි: 011-2801308 / 011-5555265

නුවණ වැඩෙන
බෝසත් කථා - 21
ජාතක පොත් වහන්සේ
(නතංදළ්හ වර්ගය)

සරල සිංහල පරිවර්තනය

පූජ්‍ය කිරිබත්ගොඩ ඥාණානන්ද ස්වාමීන් වහන්සේ

මහාමේඝ
MAHAMEGHA

ප්‍රකාශනයකි

පෙරවදන

ජාතක පොත් වහන්සේ ඔබ කියවලා ඇති. කුඩා අවධියේත්, පාසලේදීත්, සරසවියේත්, පන්සලේ බණ මඩුවේත්, වෙසක් නාඩගමේත් අපි ජාතක කථා රස වින්දෙමු. නමුත් එහි සැබෑ අරුත කුමක් දැයි තේරුම් ගන්නට අප සමත් වූ වගක් නම් නොපෙනේ.

'නුවණ වැඩෙන බෝසත් කථා' නමින් ඒ ජාතක කථා ඔබේම භාෂාවෙන් ඔබට කියවන්නට ලැබෙන්නේ එයින් ඉස්මතු වන අරුතත් සමඟිනි. මෙහි අරුත් දැන එම කථාවත් මතක තබා ගෙන සත්පුරුෂ ගුණධර්ම දියුණු කර ගන්නට මහන්සි ගන්නේ නම් එය ජාතක කථාවෙන් ඔබට ලැබෙන සැබෑම ප්‍රතිඵලයයි.

හැම දෙනාටම තෙරුවන් සරණයි!

මෙයට,
ගෞතම බුදු සසුන තුළ මෙත් සිතින්,
පූජ්‍ය කිරිබත්ගොඩ ඤාණානන්ද ස්වාමීන් වහන්සේ
ශ්‍රී බුද්ධ වර්ෂ 2560 ක් වූ වෙසක් මස 31 දා

මහමෙව්නාව භාවනා අසපුව
වඩුවාව, යටිගල්ඔළුව,
පොල්ගහවෙල.

පටුන

21. නතංදළ්හ වර්ගය

නමෝ තස්ස භගවතෝ අරහතෝ සම්මාසම්බුද්ධස්ස
ඒ භාග්‍යවත් අර්හත් සම්මා සම්බුදුරජාණන් වහන්සේට නමස්කාර වේවා!

01. බන්ධනාගාර ජාතකය

බන්ධනාගාර ගතවූවන්ගේ කතාව

පින්වතුනේ, පින්වත් දරුවනේ,

අද වුනත් යමෙකුට බන්ධනාගාරයක සිරබත් කන්ට සිදුවුනොත් එය මහා දුකකට පත්වීමක් ලෙසයි ලෝකයේ සලකන්නේ. එතකොට ඔහුට ඒ සිපිරිගෙයි කිසි නිදහසක් නැතිව සිටින්ට වෙනවා. තමන්ට සිතූ ගමනක් යන්ට නෑ. සිතූ දෙයක් කන්ට නෑ. ඕනෑ වෙලාවකට නාන්ට නිදියන්ට නෑ. දරුමල්ලන් සමග සතුටු වෙන්ට නෑ. හැම දෙයක් ම අහිමි වෙනවා. බැලූ බැල්මට පෙනෙන්නේ මෙය ජීවිතයකට මුහුණ දෙන්ට ලැබෙන ඉතාම දුක්ඛිත අවස්ථාවක් කියලයි. ඒ ගැන අපගේ භාග්‍යවතුන් වහන්සේ වදාළ දහම් කතාවකුයි මෙහි සඳහන් වෙන්නේ.

ඒ දිනවල අපගේ භාග්‍යවතුන් වහන්සේ වැඩ වාසය කළේ සැවැත්නුවර ජේතවනයේ. ඒ කාලේ තිස්නමක් පමණ වූ ජනපදවැසි භික්ෂූන් වහන්සේලා භාග්‍යවතුන් වහන්සේව බැහැදකින්ට සැවැත්නුවරට පැමිණියා. භාග්‍යවතුන් වහන්සේව බැහැදැක වන්දනා කොට පසුවදා සැවැත්නුවර පිණ්ඩපාතේ වැඩියා.

එදා උන්වහන්සේලාට විශේෂ පිරිසක් දකින්ට ලැබුනා. ඒ සොරු පිරිසක්. නොයෙකුත් මංකොල්ලකෑම්, මං පැහැරීම්, මිනිස් ඝාතනවලට වරදකරුවන් වූ ඔවුන්ව කොසොල් මහරජුන්ට පෙන්වා බන්ධනාගාරයට ගෙනයන ගමන්. රාජපුරුෂයෝ ඔවුන්ව දම්වැල්වලින්, කඹවලින්, මාංචුවලින් බැඳලා බන්ධනාගාරයට රැගෙන යන අයුරු අර භික්ෂූන් වහන්සේලාට දකගන්ට ලැබීමෙන් එසේ සිරගත වෙන්ට වීම ගැන මහත් සංවේගයට පත් වුනා. ඒ භික්ෂූන් එදා සවස භාග්‍යවතුන් වහන්සේ බැහැදක වන්දනා කොට මේ කාරණය සැලකොට සිටියා.

"ස්වාමීනී, භාග්‍යවතුන් වහන්ස, අද අපි සැවැත්නුවර පිඬුසිඟා වඩිද්දී හරිම සංවේගජනක දර්ශනයක් දැක්කා. බන්ධනාගාරගත වූ සොරුන් රාශියක් එතැනින් යමින් සිටියා. දම්වැල්, කඹ ආදියෙන් බැඳලා මාංචු දාලා ඔවුන් සෑහෙන්ට දුකට පත්වෙලා උන්නේ. හරි බැගෑපත් විදිහට අප දෙසත් බැලුවා. ඔවුන්ට ඒ බන්ධන සිඳ බිඳගෙන පලායන්ට නම් කොහෙත්ම බැහැ."

"නැහැ මහණෙනි, සැබෑ ම බන්ධන කියන්නේ ඕවා නොවේ. ඔය බන්ධන වර්ෂ කිහිපයකින් ගැලවිලා ලිහිල් වෙලා යනවා. ඊට පස්සේ ඒ තැනැත්තාට ආයෙමත් නිදහස ලැබෙනවා. ඔයිට වඩා සිය දහස් ගුණයකටත් වඩා දරුණු දැඩි මහා බන්ධනයක් මිනිසුන්ට තියෙනවා. ඒ තමයි තමන්ගේ ඉඩකඩම්, ගේදොර, වතුපිටි, හරකබාන, යානවාහන, ධන ධාන්‍ය, අඹුදරුවන්, රන්රිදී මුතු මැණික් මිල මුදල් ආදිය ගැන තියෙන ආශාව නමැති කෙලෙස් බන්ධනය. ඔය බන්ධනෙන් නිදහස් වෙනවා කියන්නේ ලෙහෙසි දෙයක් නොවේ. මහණෙනි, මේ සිඳින්ට ඉතා දුෂ්කර වූ බන්ධනය සිඳ බිඳගෙන ඉස්සර හිටිය නුවණැති අය හිමාලයට ගොහින් පැවිදි වෙලත් තියෙනවා" කියා

මේ අතීත කතාව ගෙනහැර දක්වා වදාළා.

"මහණෙනි, ගොඩාක් ඉස්සර කාලෙක බරණැස්පුරේ බ්‍රහ්මදත්ත නමින් රජ්ජුරු කෙනෙක් රාජ්‍ය කළා. ඔය කාලේ මහා බෝධිසත්වයෝ ඉතා දුප්පත් ගෙදරක දරුවෙක් වෙලා උපන්නා. මේ පුත්‍රයා වයසින් මුහුකුරා යද්දී ඔහුගේ පියාත් මළා. බෝධිසත්වයෝ කුලීවැඩ කරලා උපයන දෙයින් සිය මව්ට සැලකුවා. කලක් ගතවෙද්දී ඒ මෑණියෝ තම පුත්‍රයාට කසාදයක් කරගන්ට කියා නොයෙක් අයුරින් බලකළා. අන්තිමේදී බෝසතුන් අකැමතිව සිටියදී ම එක්තරා කුලදියණියක් සොයා බන්දලා දුන්නා. ටික දවසකින් බෝසතුන්ගේ මෑණියෝ මළා. බෝසතුන්ගේ බිරිඳට දරු ගැබක් පිහිටා තියෙන බව ඔහු දන්නේ නෑ. ඔහු සිය බිරිඳට මෙහෙම කිව්වා.

"සොඳුරී.... මට ගිහි ජීවිතේ ගත කරන්ට කැමැත්තක් නෑ. ඔයා මොකක් හරි කුලීවැඩක් කරගෙන ජීවත් වෙන්ට. මං හිමාලෙට ගොහින් පැවිදි වෙනවා."

"අනේ.... ඔයා පරක්කු වුනා. දැන් මගේ කුසේ දරු සිඟිත්තෙක් පිළිසිඳගෙන ඉන්නවා. දරුවා ලැබුනාට පස්සේ දරුසම්පතත් දැකලා ම පැවිදි වෙන්න යන්ට" කියලා ඈ කිව්වා.

එතකොට බෝධිසත්වයෝ ඒ අදහසට එකඟ වුනා. ඈට පුතෙක් ලැබුනා. "සොඳුරී.... ඔයාට දැන් සුවසේ ම දරුවාත් ලැබුනා නොවැ. එහෙනම් මං දැන් පැවිදි වෙන්ට යන්ට ද?"

"අනේ තාම අපේ පුතා කිරි බොනවා නේ. ටිකාක් දුව පැන ඇවිදිනකල් ඉඳලා යන්ට" කිව්වා.

බෝධිසත්වයෝ ඒ අදහසට එකඟ වුනා. ටික

කලක් ගත වුනා. බිරිඳට තවත් දරුවෙක් පිළිසිඳ ගත්තා. එතකොට බෝධිසත්වයෝ මෙහෙම සිතුවා. "මේ වැඬේ හරියන්නේ නෑ. මෙයාට මේ කරුණු පහදා දී සතුටු කොට නම් මට මේ ගමන යන්ට ලැබෙන්නේ නෑ. හොඳ ම වැඬේ ඇයට නොකියා ම පලාගොහින් පැවිදි වෙන එක." මෙහෙම සිතලා බෝධිසත්වයෝ සිය බිරිඳට නොකියා ම මහා රෑ නැගිට ගෙදරින් නික්මිලා ගියා. මහරෑ ජාමේ ගෙදරින් පැනලා යද්දී නගරාරක්ෂකයන්ට බෝසතුන්ව අහු වුනා. "ඒයි.... කව්ද ඔය...! කොහෙද මේ මහරෑ කලබලෙන් යන්නේ?"

"අනේ ස්වාමී..... තමුන්නාන්සේ මාව දන්නේ නැද්ද? මට නොවැ මාතුපෝසක කියන්නේ. අනේ මං වැදගත් ගමනක් යන ගමන්. මාව නිදහස් කරන්ට" කියලා කිව්වා. එතකොට ඔවුන් බෝධිසත්වයන්ව නිදහස් කළා. එතකොට ඔහු එක් තැනක රැඳී සිට ප්‍රධාන දොරටුවෙන් නික්මිලා කෙලින් ම හිමාලය බලා ගියා. හිමාල වනයේදී ඍෂි පැවිද්දෙන් පැවිදි වුනා. ධ්‍යාන සමාපත්ති අභිඥා උපදවාගෙන වාසය කළා.

මහණෙනි, එදා බෝධිසත්වයෝ සාමාන්‍ය මනුෂ්‍යයෙකුට සිතිය නොහැකි, තමාට මහත් සෙනෙහස් දැක් වූ අඹුදරුවන් ගැන ඇති ආශා බන්ධනය සිඳ බිඳ දමා හිමාලයට ගොස් පැවිදි වුනා නොවැ" කියා මේ ගාථාවන් වදාළා.

(1)

යකඩින් ලීයෙන් කඹයෙන් සැකසූ බන්ධනයෙන්
මිනිසුන් බැඳ තිබුන ද
ඒවා දැඩි වූ බන්ධනයන් ලෙස නුවණැත්තෝ
නම් කිසිකලෙකත් නොකියත් මැ යි

අඹු දරුවන් වෙත බැඳී යමින් දැඩි ආදරයෙන්
අත්හරිනට එය නොහැකිව සිටිමින්
මිණිමුතු අබරණ ගේදොර වතුපිටි
- වාහන ආදිය කෙරෙහි බැඳී
සිටිනා විට එය අත්හළ නොහැකිව

(2)

එය නම් මහ දැඩි බන්ධනයක් බව නුවණැත්තෝ
මැනවින් දැනගෙන පවසත් මැ යි
සම් මස් ලේ විද ඇට මිදුලු කරා ගිය ඒ බන්ධන නම්
ලෝසත සිව් අපායේ හෙළා දමයි
ඒ බන්ධන සිඳ බිඳ දැමීම නම් ඉතාම දුකසේ
- කරගත යුතු බව
නුවණැත්තෝ දැන සිඳ බිඳ යත් එය
ඒ කාම සැපය අත්හළ ඔවුහූ දැහැන් උපදවා වනයේ
විරාගී සුවයෙන් කාලෙ ගෙවත්

භාග්‍යවතුන් වහන්සේ මේ ගාථාවන් වදාරා චතුරාර්ය සත්‍ය දේශනාව වදාළා. ඒ දේශනාවේ කෙළවර එය අසා සිටි ඇතැම් භික්ෂූන් සෝවාන් ඵලයට පත් වුනා. තවත් අය සකදාගාමී වුනා. ඇතැමෙක් අනාගාමී වුනා. තව සමහරු අරහත් ඵලයට පත් වුනා.

"මහණෙනි, එදා බෝසතුන්ගේ මව් වෙලා සිටියේ මහාමායා දේවිය යි. පියා වෙලා සිටියේ සුදොවුන් මහරජු යි. බිරිඳ වෙලා සිටියේ රාහුල මාතා. පුත්‍රයාව සිටියේ රාහුලයෝ. අඹුදරුවන් අත්හැර වනයට ගොස් පැවිදිව ධ්‍යාන උපදවාගත් තවුසාව සිටියේ මමයි" කියා භාග්‍යවතුන් වහන්සේ මේ ජාතකය නිමවා වදාළා.

02. කෙළිසීල ජාතකය
කෙළිලොල්ව සිටි බඹදත් රජු ගැන කතාව

පින්වතුනේ, පින්වත් දරුවනේ,

සෙල්ලමට වුනත් වයෝවෘද්ධ වැඩිහිටියන්ට හිංසා පීඩා කිරීම කිසිසේත් ම නොකළ යුතුයි. රාජ ඉර්ධියෙන් මත්ව වයසක උදවියට හිංසා පීඩා කොට විනෝද වූ එක්තරා රජෙකුව සක්දෙවිඳු මැදිහත් වීමෙන් ඒ පවින් බේරා ගත්තා. නමුත් එහි විපාක ඔහු කරා දිගින් දිගටම ආවා.

ඒ දිනවල අපගේ භාග්‍යවතුන් වහන්සේ වැඩ වාසය කළේ සැවැත්නුවර ජේතවනයේ. ඒ කාලේ ආයුෂ්මත් ලකුණ්ටක භද්දිය මහරහතන් වහන්සේ මහත් සේ ප්‍රසිද්ධව සිටියා. උන්වහන්සේට ඉතා මධුර ස්වරයක් තිබුනා. ඉතා මිහිරි හඬින් බණ කියනවා. ඉතා සුමධුර දහම් දෙසුම් පවත්වනවා. පටිසම්භිදාලාභී මහරහතන් වහන්සේ නමක්. අසූමහා ශ්‍රාවකයන්ට අයත් උත්තමයෙක්. නමුත් දැක්ක පමණින් මේ තරම් මහාබලසම්පන්න රහත් තෙරනමක් ද කියා කාටවත් හොයාගන්ට බැහැ. මිටියි. සාමණේර නමක් වගෙයි. දැක්ක කෙනෙකුට උන්වහන්සේව විහිළුවකට ගන්ට හිතෙනවා.

දවසක් ලකුණ්ටක භද්දිය මහරහතන් වහන්සේ ශාස්තෘන් වහන්සේට වන්දනා කොට ජේතවන

කොටුවට වැඩියා. එදා තිස්නමක් පමණ වූ ජනපදවාසී භික්ෂූන් වහන්සේලා භාග්‍යවතුන් වහන්සේ බැහැදැක වන්දනා කරන අදහසින් ජේතවනයට වැඩියා. එතකොට ජේතවන කොටුවේ සිටි ලකුණ්ටක භද්දිය තෙරුන්ව දකින්ට ලැබුනා. එතකොට අර භික්ෂූන් උන්වහන්සේව සෙල්ලමට ගත්තා. "හා.... මේන්න ඇවැත්නි.... අපූරු පොඩිනමක් කියලා එක් භික්ෂුවක් ලකුණ්ටක භද්දිය තෙරුන්ගේ සිවුරු කොණින් ඇද්දා. තව භික්ෂුවක් නාසය පොඩි කළා. තව භික්ෂුවක් හිස අතගෑවා. "බොහෝම අගෙයි.... පොඩිනම එහෙනම් හොඳින් ඉන්ටකෝ..." කියලා භික්ෂූන් වහන්සේලා ගිහින් තමන්ගේ පාසිවුරු තැන්පත් කොට භාග්‍යවතුන් වහන්සේ බැහැදැක වන්දනා කළා. භාග්‍යවතුන් වහන්සේ සමඟ පිළිසඳර බස් දොඩා ඒ භික්ෂූන් මෙසේ ඇසුවා.

"ස්වාමීනී භාග්‍යවතුන් වහන්ස, අපි හරී කැමතියි ආයුෂ්මත් ලකුණ්ටක භද්දිය තෙරුන් දැක වන්දනා කොට කතා බස් කරන්ට. උන්වහන්සේ සුමධුර දහම් දෙසුම් පවත්වනවාලු. සමනොවදින සමාපත්තියක් නැතිලු. මේ දිනවල උන්වහන්සේ මේ ජේතවනයේ වැඩ ඉන්නවා කියලයි දැනගන්ට ලැබුනේ. ස්වාමීනී, උන්වහන්සේ දැන් කොහිද ඉන්නේ?"

"ඇයි මහණෙනි, ජේතවන කොටුවේදී ඔබට හමුවුනේ ලකුණ්ටක භද්දිය තමයි. ඇයි ලකුණ්ටක භද්දිය වට කරගෙන අතින් අල්ලාගෙන සෙල්ලමට ගත්තේ. ඒ මාගේ පුත්‍ර ලකුණ්ටක භද්දිය තමයි."

"ස්වාමීනී භාග්‍යවතුන් වහන්ස, පූරිත මහා පාරමී බලයෙන් යුතු, පෙර බුදුවරයන් වහන්සේලා හමුවේ අසූ මහා ශ්‍රාවක නමක් වෙන්ට විවරණ ලබා, අගතනතුරු

ලාභීව, මහා ධ්‍යාන අභිඥා බලයෙන් යුතු මහරහත් තෙර නමක්ව සිට අන්‍යයන්ගේ උසුළුවිසුළුවලට ලක්වෙන අයුරින් අල්පේසාක්‍ය වූයේ මක් නිසාද?"

"මහණෙනි, තමන් ම කරගත් දේ තමයි. තමන් ම රැස් කරගත් අකුසලයක ප්‍රතිඵල තමයි" කියා වදාළා.

එතකොට ඒ භික්ෂූන් වහන්සේලා ඒ ලකුණ්ටක භද්දිය තෙරුන්ට අතීතයේ වූ වරද ගැන කියාදෙන්ට කියා භාග්‍යවතුන් වහන්සේගෙන් ඉල්ලා සිටියා. භාග්‍යවතුන් වහන්සේ මේ අතීත කතාව ගෙනහැර දක්වා වදාළා.

"මහණෙනි, ගොඩාක් ඉස්සර කාලෙක බරණැස්පුරේ බ්‍රහ්මදත්ත නමින් රජ්ජුරු කෙනෙක් රාජ්‍ය කළා. ඔය කාලේ මහාබෝධිසත්වයෝ ශක්‍රදේවේන්ද්‍රව තව්තිසාවේ ඉපිද සිටියා. ඉතින් ඒ බ්‍රහ්මදත්ත රජ්ජුරුවෝ රාජඉර්ධියෙන් මත් වෙලා අනවශ්‍ය කෙළිලොල් කමකින් වාසය කළා. වයසට ගොස් ජරාජීර්ණ වූ ඇතෙක් වේවා, අශ්වයෙක් වේවා, ගොණෙක් වේවා පේන්ට බෑ. උන්ගේ පස්සෙන් පන්නාගෙන ගිහින් වෙහෙසට පත් කරලා හිනැහෙනවා. දිරාපු කරත්තයක් දැක්කොත් බිඳලා දම්මනවා. වයසක මැහැල්ලියක් දැක්කොත් ළඟට කැඳවා කුසට පහර දී බිම පෙරලනවා. ආයෙ නැගිට්ටවා හොඳටෝම භය කරවනවා. වයසක මහල්ලෙක් දැක්කොත් පිනුමක් ගහලා ඒ මහල්ලාට ගසා බිම පෙරලනවා. කව්රුත් හෝ මහලු කෙනෙකුව දකින්ට නොලැබුනොත් අසවල් ගෙදර මහලු කෙනෙක් ඉන්නවා කියා අසා ඔහුව ගෙන්නා හිංසා කොට සෙල්ලමට ගන්නවා.

මේ නිසා බරණැස මිනිස්සු මහත් සේ දුකටත් ලැජ්ජාවටත් පත් වුනා. තම තමන්ගේ මව්පියන්ව රහසේ ම බරණැසින් ඈත ප්‍රදේශවලට පිටත් කරවා සැලකුවා.

මව්ට උපස්ථාන කිරීම්, පියාට උපස්ථාන කිරීම් ආදී ගුණ ධර්ම වනසා දැම්මා. රාජ සේවකයෝත් රජ්ජුරුවන්ව පාඩමකට ගෙන ඒ විදිහට ම වැඩිහිටියන්ව තලා පෙලා කරන කෙළිසෙල්ලමේ නිරත වුනා. මැරෙන මැරෙන අය සතර අපායේ ම යි උපන්නේ. දෙව්ලොවට අලුතින් කවුරුවත් ගියේ නෑ.

අලුතින් උපදින දෙවිවරුන් දකින්ට නොලැබෙන නිසා එයට කාරණය කුමක්ද කියා සක්දෙවිඳු විමසා බැලුවා. බරණැස් පුරේ බ්‍රහ්මදත්ත රජුගේ දුර්දාන්ත කෙළිකවටකම් නිසා මේ විපත සිදුවන බව තේරුම් ගියා. "මොහුව දමනය කරන්ට ඕනෑ" කියා සක් දෙවිඳු දිරාගිය මහලු අයෙකුගේ වෙස් ගත්තා. දිරාගිය කරත්තයක කිරිමෝරුහැලි දෙකකුත් දමාගෙන, ඉතාම මහලු ගවයන් දෙදෙනෙකුත් කරත්තෙට යොදාගෙන, කිළිටි දිරාගිය වස්ත්‍රයකුත් පොරොවාගෙන බරණැස වීදියේ පහළ වුනා. එදා උත්සව දවසක්. බ්‍රහ්මදත්ත රජ්ජුරුවෝ අලංකාරව සැරසූ හස්තිරාජයා මත නැගී නගරය ප්‍රදක්ෂිණා කරද්දී සක්දෙවිඳුගේ කරත්තයත් ඉදිරියට ආවා.

"ඕං.... ඕන්න.... නාකියෙකුගේ කරත්තයක් එනවා. ඕක ඉක්මනින් අයින් කර දමාපන්" කියලා සේවකයන්ට අණ කළා. සේවකයෝ වට පිට බැලුවා.

"දේවයන් වහන්ස, පාරේ මොකක්වත් නැනේ. අපට නම් මොකුත් ම පේන්නෑ." නමුත් රජ්ජුරුවෝ තමන් ඉදිරියේ කරත්තයක් තියෙන බවට කෑ ගසමින් කිව්වා. සක්දෙවිඳු ඒ කරත්තය මැව්වේ රජ්ජුරුවන්ට පමණක් පේන්ට සලස්වලයි. මේ කලබලේ මොකක් ද කියා බලන්ට මහා සෙනඟක් රැස් වුනා. එතකොට සක්දෙවිඳු රජ්ජුරුවන්ගේ ඇත්වාහනයට උඩින් කරත්තය

මෙහෙයවා රජුගේ හිසට උඩින් එක් කිරිමෝරු කළයක් බින්දා. ඒ මත ම අනිත් කිරිමෝරු කලෙත් බින්දා. රජ්ජුරුවන්ගේ හිස පටන් මුළු ඇඟ පුරා ම කිරිමෝරු වැක්කෙරෙන්ට පටන් ගත්තා.

මහජනයාට ඒක යස අගේට පෙනුනා. කිරිමෝරුවලින් නෑවී ගිය බඹදත් රජු වස ලැජ්ජාවට, පිළිකුළට, අපහසුවකට ලක්වුනා. එතකොට කරත්තය ඇතුළු හැම දේ ම නොපෙනී ගිහින් යගදාවක් අතින් ගත් සක්දෙවිඳු අහසේ පෙනී හිටියා. "එම්බල අධාර්මික පව්ටු රජ, මොකෝ තෝ මහල්ලෙක් වෙන්නේ නැද්ද? තාගේ ශරීරය ජරාවේ පහරකෑමට ලක්වෙන්නේ නැද්ද? කෙළිසෙල්ලම් කියලා වයෝවෘද්ධ අයව මෙතරම් වෙහෙසට පීඩාවට පත් කරන විකාරය මොකක්ද? තා වැනි එකෙකුගේ පව් වැඩේ නිසා මේ කාලේ මැරෙන මැරෙන අය උපදින්නේ ම අපායේ. මිනිසුන්ට තමන්ගේ මාපියන්ටවත් උපස්ථාන කරන්ට ඉඩක් නෑ. එම්බල දූනගිය තෝ. ඔය පව්වැඩෙන් දූන් ම වැළකුනේ නැත්නම් මේකෙන් ගසා තගේ හිස පළා දමනවා. අද පටන් තෝ ඔය බිහිසුණු ගතිගුණවලින් වෙන්වෙයං. නිතර ආදර ගෞරව දක්වා ඇපඋපස්ථාන කළයුතු මාපියගුරුවර වැඩිහිටියන්ට සලකාපං. ඒවායේ ආනිශංස මෙතෙකැයි කියන්ට බෑ." කියලා සක්දෙවිඳු බ්‍රහ්මදත්ත රජ්ජුරුවන්ට දහම් දෙසුවා. ඊට පස්සේ සක්දෙවිඳු නොපෙනී ගියා.

එදා පටන් බඹදත් රජු එබඳු දෙයක් කරනවා තියා සිතක්වත් ඉපැද්දුවේ නෑ.

භාග්‍යවතුන් වහන්සේ මේ කතාව වදාළා. ඉන්පසු මේ ගාථාවන් වදාළා.

(1)

හංසයෝ ද ඉන්නවා කොස්වාළිහිණිත් ඉන්නවා
නිල්ගෙල ඇති අලංකාර මොණරු ඉන්නවා
දළ ඇත්තු ද ඉන්නවා, ලස්සන තිත්මුවෝ ද ඉන්නවා
මෙවැනි නොයෙක් අලංකාර සතුන් ඉන්නවා
එනමුදු මේ සියලු සතුන් කාය බලෙන් සමාන ලෙස
නො සිටින බව දැකගන්නට ලැබෙනවා
වනේ සිටින හැම සත්තු ම සිංහරාජයා වෙත නම්
හොඳට ම භය වී ඇති බව දැකගන්නට ලැබෙනවා

(2)

ඒ අයුරින් මිනිස් ලොවෙත් උසමහතට හැඩරුව ඇති
මිනිසුන් හැම ඉන්නවා
එසේ නමුත් ඇඟපත නැති පුංචි අයත්
වැඩිහිටි මිනිසුන්ට වඩා ප්‍රඥාවෙන් දිලෙනවා
ලකුණ්ටක භද්දිය තෙරුනුත් ශරීරයෙන් මිටි වුනාට
මහ බලවත් ඥාණයකින් දිලෙනවා
ගුණ සිරුරින් උස මහතට දැහැන් අභිඥා බලයෙන්
මහ බලවත් කෙනෙක් ලෙසින් දිලෙනවා

මෙසේ වදාළ භාග්‍යවතුන් වහන්සේ චතුරාර්ය සත්‍ය ධර්මය වදාළා. ඒ දේශනාවේ කෙළවර බොහෝ භික්ෂූන් වහන්සේලා සෝවාන්, සකදාගාමී, අනාගාමී, අර්හත් යන මාර්ගඵලයන්ට පත්වුනා.

"මහණෙනි, එදා බ්‍රහ්මදත්ත රජව සිටියේ අපගේ ලකුණ්ටක භද්දිය යි. එදා කෙළිකවටකම් කරමින් අන්‍යයන්ව වෙහෙසුව නිසා දැන් ලකුණ්ටක භද්දිය කෙළිකවටකම්වලට ලක්වෙනවා. එදා සක්දෙවිඳුව සිටියේ මම යි" කියා භාග්‍යවතුන් වහන්සේ මේ ජාතකය නිමවා වදාළා.

03. බන්ධවත්ත ජාතකය

බන්ධ පිරිත වදාරන්ට හේතු වූ කතාව

පින්වතුනේ, පින්වත් දරුවනේ,

අපේ භාග්‍යවතුන් වහන්සේ මොනතරම් කරුණා මෛත්‍රියෙන් යුතු සේක් ද! උන්වහන්සේ බෝසත් අවදියේ පවා තමන්ගේ පිරිසට සර්පාදී සතුන්ගෙන් වන අනතුරු වළකාලන්ට බන්ධ පිරිත දේශනා කොට තිබෙනවා.

ඒ දිනවල අපගේ භාග්‍යවතුන් වහන්සේ වැඩ වාසය කොට වදාළේ සැවැත්නුවර ජේතවනයේ. දවසක් ජේතවනයේ ගිනිහල් ගේ ඉදිරියේ එක්තරා භික්ෂුවක් දිරාගිය දර කොටයක් පලමින් සිටියා. එතකොට ඒ දරකොටේ සැඟවී සිටි විෂඝෝර සර්පයෙක් කිපී වහා ඇවිත් අර භික්ෂුවගේ පාදයේ ඇඟිල්ලකට දෂ්ට කළා. ඒ හේතුවෙන් ඒ භික්ෂුව එතැන ම අපවත් වුනා.

දර පලමින් සිටි භික්ෂුවක් මෙසේ අපවත් වීම ගැන මුළු ජේතවනයේ ම කතාබහට ලක්වුනා. එදා දම්සභා මණ්ඩපයට රැස්වූ භික්ෂූන් වහන්සේලා දර පලමින් සිටි භික්ෂුව සැණෙකින් අපවත් වූ අයුරු කතා කරමින් සිටියා. ඒ අවස්ථාවේ භාග්‍යවතුන් වහන්සේ එතැනට වැඩම කොට වදාළා. භික්ෂූන් වහන්සේලා තමන් කතා කරමින් සිටි කරුණ භාග්‍යවතුන් වහන්සේට සැළකළා.

භාග්‍යවතුන් වහන්සේ මෙසේ වදාළා.

"මහණෙනි, ඉදින් ඒ භික්ෂුව සතර සර්පරාජ කුලයන්ට මෙත් සිත පතුරවා තිබුනා නම්, ඔහුට සර්පයා දෂ්ට කරන්නේ නෑ. මහණෙනි, බුදුවරුන් පහළ නොවූ කාලේ හිටිය පැරණි තාපසවරු පවා සර්පරාජ කුලයන් සතරට මෙත් සිත පතුරා සර්පරාජ කුලයන් නිසා වෙන්ට ඉඩ තිබුණු උපද්‍රවයන්ගෙන් නිදහස් වුනා" කියා මේ අතීත කතාව ගෙනහැර දක්වා වදාළා.

"මහණෙනි, ගොඩාක් ඉස්සර කාලෙක බ්‍රහ්මදත්ත නම් රජෙක් බරණැස් නුවර රාජ්‍ය කළා. ඔය කාලේ මහාබෝධිසත්වයෝ කසීරටේ බ්‍රාහ්මණ පවුලක ඉපදිලා වයසින් මුහුකුරා ගියාට පස්සේ කාමයන් අත්හැර ඍෂි පැවිද්දෙන් පැවිදි වුනා. ධ්‍යාන සමාපත්ති අභිඥා ආදිය උපදවා ගත්තා. හිමාලයට ගොහින් ගංගා නම් ගඟ අසබඩ කුටියක් කරගෙන වාසය කළා. බෝසත් තාපසයාගෙන් උපකාර ලබාගැනීම පිණිස එහි පැමිණ කුටි සෙනසුන් සාදාගෙන සෑහෙන තාපස පිරිසක් වාසය කළා. ඔය කාලේ ගංගා ඉවුරේ නා නා ප්‍රකාර සර්පයෝ සිටියා. ඔවුන්ගෙන් තපස්වීන් වහන්සේලාට සෑහෙන්ට කරදර වුනා. බොහෝ සෙයින් ම ඍෂිවරු මියගියේ සර්පයන් දෂ්ට කිරීමෙනුයි.

තාපසවරු මේ කාරණාව බෝධිසත්වයන්ට සැළකළා. බෝධිසත්වයෝ ඒ පළාතේ සිටිය සියලුම තාපසවරුන්ව රැස් කෙරෙව්වා. "ඉදින් ඔබ සර්පරාජ කුල සතරට මෙත්සිත පතුරා තිබුණා නම් ඔය සර්පයන්ගේ දෂ්ට කිරීමට ලක්වෙන්නේ නෑ. ඒ නිසා මෙතැන් පටන් මෙන්න මේ ආකාරයෙන් සර්පරාජ කුලයන් සතරට

මෙත්සිත වඩන්ට ඕනෑ" කියලා මේ ගාථාවන් පැවසුවා.

(1)

විරූපක්ඛේහි මේ මෙත්තං - මෙත්තං ඒරාපථේහි මේ
ඡබ්‍යාපුත්තේහි මේ මෙත්තං
- මෙත්තං කණ්හාගෝතමකේහි චා'ති.

විරූපාක්ෂ සර්ප රාජ කුලය වෙත මාගේ මෙත් සිත වේවා
ඒරාපථ සර්පරාජ කුලය වෙත මාගේ මෙත් සිත වේවා
ඡබ්‍යාපුත්ත සර්පරාජ කුලය වෙත මාගේ මෙත් සිත වේවා
කණ්හාගෝතමක සර්පරාජ කුලය වෙත
- මාගේ මෙත් සිත වේවා

(2) **අපාදකේහි මේ මෙත්තං - මෙත්තං දිපාදකේහි මේ**
චතුප්පදේහි මේ මෙත්තං - මෙත්තං බහුප්පදේහි මේ'ති.

පා කිසිවක් නැති සියලු සතුන් වෙත
- මාගේ මෙත් සිත වේවා
දෙපයින් යුතු වූ සියලු සතුන් වෙත
- මාගේ මෙත් සිත වේවා
පා සතරක් ඇති සියලු සතුන් වෙත
- මාගේ මෙත් සිත වේවා
බොහෝ පාද ඇති සියලු සතුන් වෙත
- මාගේ මෙත්සිත වේවා

(3) **මා මං අපාදකෝ හිංසි - මා මං හිංසි දිපාදකෝ**
මං මං චතුප්පදෝ හිංසි - මා මං හිංසි බහුප්පදෝ'ති.

පාද රහිත වූ කිසිම සතෙක් මා හට හිංසා නොකෙරේවා
දෙපයින් යුතු වූ කිසිම සතෙක් මා හට හිංසා නොකෙරේවා
පා සතරක් ඇති කිසිම සතෙක් මා හට හිංසා නොකෙරේවා
බොහෝ පාද ඇති කිසිම සතෙක් මා හට හිංසා නොකෙරේවා

(4)

සබ්බේ සත්තා සබ්බේ පාණා - සබ්බේ භූතා ච කේවලා
සබ්බේ භද්‍රානි පස්සන්තු - මා කඤ්චි පාපමාගමා'ති.

ලොවේ සියලුම සත්වයෝ ලොවේ පණ ඇති සියල්ලෝ
ලොවේ ඉපදී සිටින්නා වූ යම්තාක් වූ සත්වයෝ
සියල්ලෝ යහපත දකිත්වා!
- කිසිම දුකකට පත් නොවෙත්වා!

අප්පමාණෝ බුද්ධෝ, අප්පමාණෝ ධම්මෝ, අප්පමාණෝ සංඝෝ'ති.

අපමණ ගුණ ඇති සේක් ම ය බුදුරජාණෝ
නවලොව්තුරා සදහම් අපමණ ගුණයෙන් යුතු ම ය
උතුම් බුදු සව්වෝ අපමණ ගුණෙන් යුතු වූවෝ

පමාණවන්තානි සිරිංසපානි අහිවිච්ඡිකා
සතපදී උණ්ණානාභි සරබූ මූසිකා'ති.

සියලුම සර්පයෝ ද ගෝණුසුවෝ ද
පත්තෑයෝ ද, මකුළුවෝ ද, සිකනැල්ලෝ ද, මීයෝ ද
කෙලෙසුන්ගෙන් සීමා වී ඇති හෙයින් ප්‍රමාණ සහිතයෝ ය.

කතා මේ රක්ඛා, කතා මේ පරිත්තා
පටික්කමන්තු භූතානි සෝහං නමෝ භගවතෝ
නමෝ සත්තන්නං සම්මා සම්බුද්ධානං'ති.

මා විසින් ත්‍රිවිධ රත්නයේ අප්‍රමාණ වූ ගුණය සිහි කිරීමෙන් තමන්ගේ ආරක්ෂාව සලසා ගන්නා ලද්දේය. මා හට රැකවරණ සලසා ගන්නා ලද්දේය. මා කෙරෙහි අහිතවත් වූ භූතයෝ බැහැරට යත්වා. ඒ මම් භාග්‍යවතුන් වහන්සේට නමස්කාර කරමි. ඵුස්ස, විපස්සී,

සිඛී, වෙස්සභූ, කකුසඳ, කෝණාගමන, කාශ්‍යප යන සත්බුදුවරයන් වහන්සේලාට නමස්කාර කරමි.

මෙසේ නමස්කාර කරමින් අතීතයේ වැඩසිටි සත්බුදුවරයන් වහන්සේලාගේ ගුණ සිහි කරවි" කියා මහාබෝධිසත්වයෝ එදා රැස්වූ තාපස පිරිසට අවවාද කොට මේ බන්ධ පිරිත කියා දුන්නා. බෝධිසත්වයන්ගේ අවවාදය පිළිගත් තාපසවරු මේ විදිහට මෙත් පතුරා බුදුගුණ සිහිකරන්ට පටන් ගත්තා. බුදුගුණ සිහි කරද්දී සිහි කරද්දී සර්පාදීන් ඒ ප්‍රදේශය අත්හැර වෙනත් ප්‍රදේශ බලා ගියා.

මහණෙනි, එදා තාපස පිරිස වෙලා සිටියේ බුදු පිරිසයි. ප්‍රධාන තාපසතුමාව සිටියේ මම යි" කියා භාග්‍යවතුන් වහන්සේ මේ ජාතකය නිමවා වදාළා.

04. වීරක ජාතකය

වීරක නමැති බෝසත් දියකාවාගේ කතාව

පින්වතුනේ, පින්වත් දරුවනේ,

සමහර අය තමන්ට අහලකටත් ළං වෙන්ට බැරි උතුම් අයගේ චරිත අනුකරණය කරන්ට හරි කැමතියි. ඒ නිසා ම ඔවුන් කරදරේ වැටෙනවා. දේවදත්තත් එහෙම කෙනෙක්. ඔහු භාග්‍යවතුන් වහන්සේව අනුකරණය කරමින් බුද්ධලීලා දක්වන්ට යාම නිසා, ඒ ගැනයි භාග්‍යවතුන් වහන්සේ මේ කතාව වදාළේ.

ඒ දිනවල අපගේ භාග්‍යවතුන් වහන්සේ වැඩ වාසය කළේ සැවැත්නුවර ජේතවනයේ. දේවදත්ත රැගෙන ගිය සඟපිරිස සමග වාසය කළේ ගයාවේ ගයා ශීර්ෂයේ ඉදිකළ පන්සලේ. ඒ සඟපිරිස තවදුරටත් එතැන ම රැඳී සිටියොත් ඔවුන්ට මහා අනර්ථයක් වෙන්නට ඉඩ ඇති බව දුටු අපගේ භාග්‍යවතුන් වහන්සේ ඒ සඟපිරිස රැකගන්නා ලෙසට සාරිපුත්ත මොග්ගල්ලාන අග්‍ර ශ්‍රාවකයන් දෙනම වහන්සේට වදාළා. ඒ අනුව උන්වහන්සේලා ගයා ශීර්ෂයට වැඩම කළා. ඒ අවස්ථාවේ දෙව්දත් හැසිරී තිබෙන්නේ භාග්‍යවතුන් වහන්සේගේ බුද්ධලීලා දක්වමින්. මේ බව අපගේ සාරිපුත්ත මහරහතන් වහන්සේ භාග්‍යවතුන් වහන්සේට වදාළා. එවිට භාග්‍යවතුන් වහන්සේ "සාරිපුත්ත, දේවදත්ත මාව අනුකරණය කරන්ට

ගොහින් විනාශයට පත් වුනේ මේ ආත්මේ විතරක් නොවෙයි. මීට කලින් ආත්මෙකත් එහෙම වුනා" කියා වදාළා. එවිට අපගේ ධර්ම සේනාධිපතීන් වහන්සේ ඒ දේවදත්තගේ අතීත සිදුවීම කියාදෙන්ට කියා භාග්‍යවතුන් වහන්සේගෙන් ඉල්ලා සිටියා. භාග්‍යවතුන් වහන්සේ මේ අතීත කතාව ගෙනහැර දක්වා වදාළා.

"මහණෙනි, ගොඩාක් ඉස්සර කාලෙක බරණැස්පුරේ බ්‍රහ්මදත්ත නමින් රජ්ජුරු කෙනෙක් රාජ්‍ය විචාරමින් සිටියා. ඔය කාලේ මහාබෝධිසත්වයෝ හිමාලවන ප්‍රදේශයේ දියකාක යෝනියේ දියකාවෙක් වෙලා උපන්නා. ඉතින් මේ දියකාවා එක්තරා විලක් ඇසුරු කොට වාසය කළා. ඒ දියකාවාගේ නම 'වීරක.' ඒ කාලේ ම කසී රටේ මහා දුර්භික්ෂයක් හටගත්තා. මිනිසුන්ට කෑම අහේනියක් ආවා. ඒ නිසා කපුටන්ට කෑම ටිකක් දෙන එකත්, යකුන්ට නාගයින්ට කරන පුද පූජා කිසිවකුත් කරගන්ට බැරි වුනා.

එතකොට සාගත රට අත්හැර දූමු කපුටෝ වනගත ප්‍රදේශ බලා පිටත් වුනා. ඒ කපුටන් අතර බරණැස වාසය කළ සවිට්ඨක නම් කපුටෙක් හිටියා. ඒ කපුටත් තමන්ගේ කපුටියත් රැගෙන වීරක දියකාවා වසන තැනට ආවා. ඇවිත් ඒ විල ඇසුරු කරගෙන ගසක වාසය කළා.

දවසක් මේ සවිට්ඨක කපුටා වීරක දියකාවා දෙස බලා හිටියා. දියකාවා හරි අගේට විලට බැසලා දිය යටින් පීනා ගොහින් මසුන් අල්ලාගෙන කනවා. ඊට පස්සේ දියෙන් ගොඩට ඇවිත් ඇග වියලා ගන්නවා. එතකොට සවිට්ඨක මෙහෙම සිතුවා. "ෂාහ්.... හරි අපූරුයි නොවැ. මටත් මේ දියකාවා යාළු කරගත්තොතින් හොඳ හැටියට

මාළු කන්ට පුළුවන් වේවි. ඒ නිසා මං උන්නැහේට උපස්ථාන කොරන්ට යන්ට ඕනෑ" කියලා දියකාවා ළඟට කිට්ටු වුනා.

"මොකද යාළුවා.... මේ පැත්තේ ආවේ?"

"අනේ ස්වාමී.... මං හරී කැමතියි තමුන්නාන්සේට උපස්ථාන කොරන්ට."

"ම්.... හොඳා.... මගේ අකැමැත්තක් නෑ."

එදා පටන් වීරක දියකාවාට උපස්ථාන කරන්ට අර කපුටා එනවා. වීරකත් තමන්ට යැපෙන පමණට මාළු අනුභව කරලා සවිට්ඨක කපුටාටත් මාළු අල්ලා දෙනවා. ඒ කපුටාත් ඇති පමණට කාලා ඉතිරි මාළු කපුට්ට දෙනවා.

කලක් යද්දී කපුටාට මහා උඩඟුකමක් හටගත්තා. "හහ්.... මේ දියේ බහින කපුටාත් කලුයි. ඉතින්.... මාත් කලුයි නොවැ. ඇස්, තුඩ, පා හැම දෙයක් ම මගේ වගේ ම යි. කිසි වෙනසක් නෑ. එහෙව් එකේ මුන්නැහේ අල්ලන මාළු මං කන එකේ තේරුමක් ඇතෙයි? ඇයි මටත් විලට බැහැලා මාළු අල්ලාගන්ට ඇහැකි නොවැ" කියලා කපුටා වීරක ළඟට ගියා.

"මේ යාළුවා.... අද පටන් මට ඔහේගේ මාළු එපා ඕං. මටත් විලට බැහැලා මාළු අල්ලාගන්ට පුළුවනි."

මේ කපුටාගේ මෝඩ කතාව අහලා වීරකට මහත් අනුකම්පාවක් හටගත්තා. "මිත්‍රයා.... ඔහේට ලොකු වැරදීමක් වෙලා වගේ. ඔහේ වතුරේ ගිලී මාළු අල්ලාගෙන කන කුලේ උපන් කපුටෙක් නොවෙයි. නිකං වැනසෙන්ට

එපා. මං අල්ලා දෙන මාළුවෙක් කාලා පාඩුවේ හිටිං."

නමුත් තමන්ට ඒ වැඩේ බැරි බව කපුටා පිළිගත්තේ ම නෑ. වීරකගේ අවවාද ගණනකට නොගෙන කපුටා විල් ජලයේ ගිලුනා. උඩට එන්ට හදනකොට සෙවල සිඳ බිඳගෙන වේගයෙන් උඩට එන්ට බැරි වුනා. සෙවෙල් පාසි ගොඩේ හිර වුනා. හොට විතරක් ජලයෙන් උඩට මතු වී පෙනුනා. කපුටාට හුස්ම ගන්ට බැරිව ජලය ඇතුලේ ම මරණයට පත් වුනා. එතකොට කපුටී කපුටාව පේන්ට නැති නිසා වීරක ළඟට ගිහින් "අනේ ස්වාමී.... අපේ සවිට්ඨක පේන්ට නෑ නොවැ. එයා කොහේ ගිහින් ද?" කියලා මේ ගාථාව පැවසුවා.

1. **අනේ සබඳ වීරකයෙනි,**
- මිහිරි හඬින් නාද කරනා
- හරි ලස්සන පක්ෂියා
මොණරාගේ ගෙලේ තිබෙන
- තද නිල්පාටින් දිලිසෙන
- මගේ ආදර සවිට්ඨකයා
එයාව දැන් පේන්ට නෑ,
- එයාව දැක්කෙ නැද්ද ස්වාමිනී

"ඔව් මං දන්නවා තිගේ හැඩකාර සැමියා ගිය දිහාව" කියලා වීරක දියකාවා මේ ගාථාව පැවසුවා.

(2)

ගොඩේ මෙන් ම ජලයේදිත් යන්ට හපන්
- පක්ෂීන් ලොව ඉන්නවා
එවුන් විල් දියේ කිමිදී අලුත් මසුන් අල්ලාගෙන
- හොඳට කන්ට දන්නවා
ඒ පක්ෂිය කරන වැඩේ සවිට්ඨකය කරන්ට ගොස්

- අමාරුවේ වැටෙනවා
දිය යට ඇති සෙවල ගොඩේ පැටලී ගිය
- තිගෙ සැමියා මරු කැඳවා ගන්නවා

එය අසා කපුටී මහා හඬින් නාද කරමින් හඬන්ට පටන් ගත්තා. හඬ හඬා ම බරණැසට ගියා. මහණෙනි, එදා සවිට්ඨක කපුටා වෙලා සිටියේ දේවදත්ත. වීරක වෙලා සිටියේ මම යි" කියා භාග්‍යවතුන් වහන්සේ මේ ජාතකය නිමවා වදාළා.

05. ගංගෙය්‍ය ජාතකය

ලස්සන කවුදැයි කියා වාද කළ මාළුන්ගේ කතාව

පින්වතුනේ, පින්වත් දරුවනේ,

තම තමන්ගේ රූපය ගැන, තමන්ගේ ශරීරය ගැන මහත් ආඩම්බරයෙන් කතා කරන අය ලෝකයේ හැමදාම ඉන්නවා. පැවිදි වූවන් අතරත් එබඳු අය සිට තිබෙනවා. මෙය එබඳු කතාවක්.

ඒ දිනවල අපගේ භාග්‍යවතුන් වහන්සේ වැඩ වාසය කළේ සැවැත්නුවර ජේතවනයේ. ඔය කාලේ සැවැත්නුවර සිටි යොවුන් දරුවන් දෙදෙනෙක් ගෞතම බුදුසසුනේ පැවිදි වුනා. නමුත් භාග්‍යවතුන් වහන්සේ වදාළ ආකාරයට කායානුපස්සනා සතිපට්ඨානයට අයත් අසුභ භාවනාව, ධාතු මනසිකාරය, නවසීවථිකාදී උතුම් විරාගී භාවනාවන් පුරුදු කළේ නෑ. තම තමන්ගේ රූප ශෝභාව ගැන මහත් උජාරුවකින් ඔද වැඩී වාසය කළා.

දවසක් ඒ තරුණ භික්ෂූන් දෙනම අතර වාදයක් හටගත්තා. "හා.... ඇවත.... ඔහේ හිතාන ඉන්නේ ඔහේගේ රූප සම්පත්තිය මට වඩා ඉහළයි කියල ද? ඒක වැරදීමක්. හොඳට බලනවා. මමයි කඩවසම්."

"නෑ.... ඇවත.... ඒක ඔහේට පේන හැටි මිසක්කා ඇත්ත නොවෙයි. මං ඔහේට වඩා රූප සම්පන්නයි කියන එක කවුරුත් දන්නවා නොවැ."

ආදී වශයෙන් මේ භික්ෂූන් දෙනම අතර වූ වාදය දිගින් දිගට ගියා. ඔය වාදය වෙන අතරේ ඒ අසළ වාඩි වී සිටින එක් මහලු තෙර නමක් ඔවුන්ට දකින්ට ලැබුනා. "හරි.... අපට දැන් මේක තේරුම් කරගන්ට බෑ. අපි අාං අර වයසක හාමුදුරුවන්ගෙන් අසා බලමු. උන්නාන්සේ ටක්කෙට ම කියාවි ලස්සන කව්දැයි කියාලා."

ඉතින් ඒ දෙනම ගොහින් මහළු තෙරුන්ගෙන් මෙහෙම ඇහැව්වා. "අනේ ස්වාමීනී.... කියන්ට බලන්ට.... අපි දෙන්නාගෙන් හොඳ හැඩකාර කඩවසම් රූපවත් පෙනුම වැඩිපුර තියෙන්නේ කාටදැයි කියාලා."

එතකොට ඒ මහලු තෙරණුවෝ නළලේ රැළිනංවා අත ඔසොවා තමන්ගේ නළල උඩින් තියා මේ දෙන්නා දිහා හොඳහැටි විපරමෙන් බැලුවා. බලා හිනැහීගෙන මෙහෙම කිව්වා. "ඕ.... හෝ.... හෝ.... ඒක තමයි මාත් අසාගෙන හිටියේ උන්නාන්සේලාගේ සංවාදේ.... කෝ.... කෝ.... බලන්ට.... ම්.... මට පේන හැටියට නම් උන්නාන්සේලා දෙන්නාට ම වඩා ඉතාම හැඩකාර, කඩවසම්, නවයොවුන් පෙනුම ඇත්තේ මට යි!" කියා ඔවුන්ට සිහි උපද්දවන පිළිතුරක් දුන්නා.

එතකොට ඒ දෙනම මහත් අපහසුතාවයට පත් වුනා. "මදෑ.... අපි ලස්සන දැන ගන්ට ඇවිත් අහගත් දේ! මේ වයසක හාමුදුරුවන්ගෙන් අපි අසපු දේට උත්තර නොදී අසපු නැති දේකට නොවැ දොඩන්ට එන්නේ" කියලා යන්ට ගියා.

අර මහලු තෙරුන්නාන්සේ භික්ෂූන් අතර මේ කතාව ප්‍රකට කොට හැරියා. දම්සභා මණ්ඩපේට රැස් වූ භික්ෂූන් වහන්සේලා මේ ගැන කතාබස් කළා.

"ඒකයැ ඇවැත්නි.... පොඩි දෙනමකට හරි අකරතැබ්බයක් වෙලා. පොඩි උන්නාන්සේලා ධර්මය කතා කරනවා වෙනුවට තමුන්නේ රූප ලස්සනේ ගැන වාද කොරන්ට ගොහින් මහලු තෙරුන්නාන්සේ නමකගෙන් අසාලා කවුදෑ ලස්සන කියලා. තෙරුන්නාන්සේ හොඳ උත්තරයක් දීලා. ඔහේලා දෙන්නාට ම වඩා කටේ එක දතක්වත් නැති, දෑස් පෙනුම නැති, ඇඟ රැළි වැටිච්චි මං නොවැ ලස්සන කියලා. ඒකෙන් ම තරුණ උන්නාන්සේලාගේ පාරට්ටු ගැලවිලා ගිහින්....."

ඒ අවස්ථාවේ භාග්‍යවතුන් වහන්සේ එතැනට වැඩමකොට වදාළා. භික්ෂූන් වහන්සේලා තමන් කතාකරමින් සිටි කරුණ භාග්‍යවතුන් වහන්සේට සැළකළා. භාග්‍යවතුන් වහන්සේ මෙය වදාළා.

"මහණෙනි, ඔය තරුණ දෙනම තමන්ගේ රූපයෙන් මත් වෙලා වාද විවාද කරගත්තේ මේ ආත්මේ විතරක් නොවේ. මීට කලින් ආත්මෙකත් වාද කරගත්තා." කියා මේ අතීත කතාව ගෙනහැර දක්වා වදාළා.

"මහණෙනි, ගොඩාක් ඉස්සර කාලෙක බරණැස්පුරේ බ්‍රහ්මදත්ත නමින් රජ්ජුරු කෙනෙක් රාජ්‍ය කරමින් සිටියා. ඔය කාලේ මහාබෝධිසත්වයෝ ගංගා නම් ගං තෙර එක්තරා වෘක්ෂයක රුක් දෙවියෙක් වශයෙන් ඉපිද සිටියා.

ඔය ගංගා නම් ගඟත් යමුනා නම් ගඟත් එකට සම්බන්ධ වෙන තැනක් තියෙනවා නොවැ. අන්න එතන ජලයේ මාළු දෙන්නෙක් අතර වාදයක් හට ගත්තා. එක් මාළුවෙක් ගංගා නදියෙන් ඇවිත් සිටියේ. අනිත් මාළුවා යමුනා නදියෙන්. මේ දෙන්නා තම තමන්ගේ රූප ශෝභාව ගැන මහත් උජාරුවෙන් වාද විවාද කරගත්තා. දෙන්නාගෙන් වඩාත් ම ලස්සන මාළුවා කවුරුද යන වග තෝරා බේරාගන්ට බැරිවුනා. එතකොට ගං ඉවුරේ වාඩි වී අව්ව තපින ඉබ්බෙකුව දැක්කා. "ආං.... අර.... අරයා ළඟට යමං.... එයා ටක්කෙටම කියාවි අපි දෙන්නාගෙන් ලස්සන කව්ද කියලා."

ඉතින් මේ මාළු දෙන්නා ගං ඉවුරට ළංවී ජලයේ සිට ඉබ්බාට කතා කළා. "අනේ.... මිත්‍රය.... අපට උදව්වක් කරන්ට.... මං ගංගා නදියේ මාළුවෙක්. මෙයා යමුනා නදියේ මාළුවෙක්.... හැබෑට ම අපි දෙන්නාගෙන් වඩාත් ම ලස්සන කවුද?"

එතකොට ඉබ්බා දෙන්නා දිහා බලා හිනැහීගෙන මෙහෙම කිව්වා. "ම්.... ගංගා නදියේ මාළුවාත් වරදක් නෑ.... හැඩකාරයි..... යමුනා නදියේ මාළුවාටත් දොසක් කියන්ට බෑ. එයත් ලස්සනයි.... හැබැයි ඔය දෙන්නාට වඩා වැඩියෙන් ම ලස්සන වෙන කවුරුවත් නොවෙයි.... මම යි!" කියා මේ ගාථාව පැවසුවා.

(01)

ගංගා නම් ගඟේ සිටින මාළුවා ද ලස්සනයි
යමුනා නම් ගඟේ සිටින මාළුවා ද ලස්සනයි
එනමුදු පා සතරක් ඇති ඉතා හැඩට වටකුරු වූ
දිගු ලස්සන බෙල්ලක් ඇති මේ හැඩවැඩ ඇති කෙනා
ඔය හැමෝට වඩා ලස්සනයි! හැබෑ ලස්සනයි!

එය අසා මාළුවෝ දෙන්නාට හොඳටෝ ම කේන්ති ගියා. "මදෑ අපේ ලස්සන අහගන්ට ඇවිත් වෙච්චි දේ... මේ පවිටු ඉබ්බා කියනවා නොවැ උන්දැගේ උජාරුව. අපි අහපු දේට නොවේ උත්තර දුන්නේ. උන්දැගේ වරුණේ." කියලා මාළු දෙන්නා මේ ගාථාවෙන් පිළිතුරු දුන්නා.

02. **අප අසා සිටිය කරුණට මේකා**
- නිසි උත්තරයක් දුන්නේ නෑනේ
අසා සිටිය දෙයට වඩා අමුතු ම දේකින් නොවැ
- මොහු පිළිතුරු දුන්නේ
තමාට ම යි ප්‍රශංසාව ලබාගන්ට
- උවමනාව වෙලා තියෙන්නේ
එනිසා තොපගේ කීමට අපි දෙන්නා තුළ
- කිසි පැහැදීමක් නෑනේ

කියලා ඉබ්බාට වතුරින් විදලා නදියේ පීනා ඈතට ගියා.

මහණෙනි, එදා මාළුවෝ වෙලා වාද කරමින් සිටියේ ඒ තරුණ භික්ෂූන් දෙන්නායි. ඒ මාළුවන්ට පිළිතුරු දුන් ඉබ්බා වෙලා සිටියේ මහලු තෙරනම යි. මේ සිදුවීම බලාසිටිය රුක් දෙවියා වෙලා සිටියේ මම යි" කියා භාග්‍යවතුන් වහන්සේ මේ ජාතකය නිමවා වදාළා.

06. කුරුංගමිග ජාතකය

කුරුංග මුවා වෙලා උපන් බෝසත් මුවාගේ කතාව

පින්වතුනේ, පින්වත් දරුවනේ,

මෙහි සඳහන් වෙන්නේ දේවදත්ත පෙර ආත්මයකදී අපගේ මහබෝසතාණන් වහන්සේව මරා ගන්ට දැරූ වෑයමක් අසාර්ථක වීම ගැනයි.

ඒ දිනවල අපගේ භාග්‍යවතුන් වහන්සේ වැඩ වාසය කළේ රජගහනුවර වේළුවනයේ. එදා දම්සභා මණ්ඩපයේ රැස් වූ භික්ෂූන් වහන්සේලා මහත් සංවේගයෙන් යුක්තව දේවදත්ත භාග්‍යවතුන් වහන්සේගේ ජීවිතයට හානි කිරීමට වෙහෙස ගන්නා ආකාරය ගැන කතා කරමින් සිටියා. ඒ අවස්ථාවේ අපගේ ශාස්තෘන් වහන්සේ එතැනට වැඩම කොට වදාළා. භික්ෂූන් වහන්සේලා තමන් කතා කරමින් සිටි කරුණ භාග්‍යවතුන් වහන්සේට සැලකළා. භාග්‍යවතුන් වහන්සේ මෙසේ වදාළා.

"මහණෙනි, තථාගතයන්ගේ ජීවිතයට හානි කිරීමට දේවදත්ත වෙහෙසෙන එක අලුත් දෙයක් නොවේ. තථාගතයෝ බෝධිසත්ව කාලය ගත කරද්දීත් ඔය විදිහට ම ජීවිතයට හානි කරන්ට වෙහෙස ගත්තා" කියා මේ අතීත කතාව ගෙනහැර දක්වා වදාළා.

"මහණෙනි, ගොඩාක් ඉස්සර කාලෙක බ්‍රහ්මදත්ත නම් රජෙක් බරණැස්නුවර රාජ්‍ය කරමින් සිටියා. ඔය කාලේ මහා බෝධිසත්වයෝ කුරුංග නමැති මුව වර්ගයේ මුවෙක් වෙලා වනාන්තරේක එක්තරා විලක් අසබඩ වනගොමුවක වාසය කළා. ඒ විල අසබඩ තියෙන එක්තරා ගසක කොට්ටෝරුවෙකුත් ඒ විලේ ඉබ්බෙකුත් වාසය කළා. මේ කුරුංග මුවයි, කොට්ටෝරුවයි, ඉබ්බයි ගජ මිත්‍රයෝ. එකිනෙකාට බොහෝම ප්‍රියමනාපෙන් වාසය කළා.

දවසක් ඔය වනාන්තරේට වැද්දෙක් දඩයමේ ආවා. විල් තෙරේ බෝසත් මුවාගේ පියවර සටහන් දැකලා ඇතුන්ගේ පා බඳින යකඩ දම්වැල් වගේ තදබල සවියෙන් යුතු සම් තොණ්ඩුවක් අටවලා ගියා. බෝධිසත්වයෝ පැන් බොන්ට සවස් ජාමේ විලට ආවා. අර තොණ්ඩුවට හසුවුනා. බෝධිසත්වයෝ බැගෑ හඬ නගා කෑ ගැසුවා. ඒ ශබ්දයට කලබල වූ කොට්ටෝරුවා වහා එතැනට ආවා. විලෙන් ගොඩවෙලා ඉබ්බත් එතැනට ආවා. "දැන් අපි මොකක් ද කරන්නේ?" කියලා තුන්දෙනා කතා වුනා.

කොට්ටෝරුවා ඉබ්බාට මෙහෙම කිව්වා. "මේ යාළුවා.... ඔයාගේ කටේ දත් තියෙනවා නොවැ. හැකි තාක් ඉක්මණින් මේ තොණ්ඩුව කපන්ට. මං ගොහින් වැද්දාට එන්ට බැරිවෙන්ට කරන්ට ඇහැක් හැම දෙයක් ම කරන්නම්" අපි දෙන්නා එකතු වෙලා කරන මේ උත්සාහයෙන් තමයි අපගේ ආදරණීය මිත්‍රයාගේ ජීවිතේ බේරාගන්ට පුළුවන්නේ" කියලා කොට්ටෝරුවා මේ ගාථාව පැවසුවා.

01. අනේ ඉබ්බො හනිකට නුඹ පැරණි සමෙන් කළ
- තොණ්ඩුව කපා දමාපන්

යාළුවාගෙ ජීවිතෙ දූන් අපි දෙන්නගෙ
- අතේ තිබෙන බව ම සිතාපන්
වැද්දා හට මෙහෙට එන්ට බැරි විදිහට
- වැඩ කටයුතු මං සලසනවා
ඔහු එන මග වළක්වන්ට කළ යුතු දෑ
- කරදෙන්නට දූන් මම යනවා

මෙහෙම කියලා කොට්ටෝරුවා වැද්දාගේ පැල්කොටේ සොයාගෙන ගියා. ඉබ්බා පැරණි සමකින් කරන ලද වරපටින් යුතු තොණ්ඩුව සපන්ට පටන් ගත්තා. වැද්දා පාන්දරින් ම ආයුධයකුත් ඇන්න පැල් කොටෙන් පිටත් වුනා. එතකොට ම කොට්ටෝරුවා පටත් පටත් කියලා හයියෙන් තටු ශබ්ද කළා. පැල් කොටෙන් එළියට ආ වැද්දාගේ මුහුණේ වැදීගෙන ගියා. "ඕහ්.... මේ කාලකණ්ණි කුරුල්ලා පැල් කොටෙන් කල එළි බහින කොට ම මුහුණේ වැදීගෙන ගියා නොවැ. ම්.... එහෙනම් දූන් ම යන්ට නාකයි.... ඩිංගිත්තක් නිදාගෙන යනවා" කියලා ආයෙමත් පැලට ගියා.

කොට්ටෝරුවා අත්තේ වාඩිවෙලා හොඳට විපරමින් බලාගෙන සිටියා. වැද්දා ආයෙමත් නැගිට්ටා. පැල්කොටේ පිටිපස්සා දොරෙන් යන්ට එළියට බැස්සා. එතකොට ම කොට්ටෝරුවා කෑ ගසාගෙන වේගයෙන් ඉගිලී ඇවිත් ආයෙමත් මූණේ වැදීගෙන ගියා. "බොලෑ.... මේ මොකෝ කවදාවත් නැතිව මේ කාලකණ්ණි කුරුල්ලා ආයෙමත් මයෙ මූණේ වැදීගෙන ගියේ. මේකා මට යන්ට දෙන්නේ නැති හැඩයි.... හ්ම්.... කමක් නෑ..... එහෙනම් මං එළිවෙලා යනවා" කියලා එළිය වැටීගෙන එද්දී ආයුධයකුත් ඇන්න පිටත් උනා. කොට්ටෝරුවාට කරන්ට දෙයක් නෑ. වේගයෙන් ඉගිලී බෝධිසත්වයන්

ළඟට ආවා. "අනේ යාළුවෝ..... වැද්දා දැන් පිටත් වුනා."

එතකොට ම ඉබ්බා එක පොටක් තියලා අනිත් පොටවල් ඔක්කෝම සපලා කපා දාලා ඉවරයි. ඉබ්බාගේ දත් ඔක්කෝම බුරුල් වෙලා ලේ වැක්කෙරෙනවා. හෙණයක් පාත් වෙනවා වගේ වේගයෙන් වැද්දා ආයුධයත් අරගෙන දුවගෙන එනවා බෝධිසත්වයෝ දැක්කා. ඒ වරපට වේගයෙන් ඇද්දා. කැඩිලා ගියා. විදුලියක් වගේ වනයට වැදුනා. කොට්ටෝරුවා ගස මුදුනට පියාඹා ගිහින් අත්තක වාඩිවුනා. ඉබ්බාට කරගන්ට දෙයක් නෑ. එතැන තනි වුනා. එතකොට වැද්දා ඉබ්බාව පසුම්බියකට දමාගෙන එක කණුවක එල්ලුවා.

බෝධිසත්වයෝ නැවතිලා හැරිලා ඇවිත් බැලුවා. ඉබ්බාව අහුවෙලා "මං දැන් මගේ යාළුවා වෙනුවෙන් දිවි පුදා කටයුතු කරන්ට ඕනෑ" කියලා තමන්ටත් මොකවත් කරගන්ට බැරි විදිහට වැද්දාට පේන්ට සැලැස්සුවා.

"ඕ.... එහෙනම් මේකාත් දුර්වල වෙලා ඉන්නේ. මේකාව මෙතන ම මරන්ට ඕනෑ" කියලා ආයුධයත් අරගෙන ගහන්ට පැන්නුවා. බෝධිසත්වයෝ හොඳට ම ඈත් වෙන්නෙත් නැතිව වඩා ළං වෙන්නෙත් නැතිව හෙමිහිට වැද්දාව කැලේ ඇතුලට අරගෙන ගියා. සෑහෙන දුරක් ආ බව දැනගත් බෝධිසත්වයෝ වැද්දාව මුළා කරලා වෙනත් පාරකින් එතැනට වේගයෙන් දුවගෙන ආවා. අඟින් ඇනලා පසුම්බිය බිම හෙලුවා. අඟෙන් මල්ල ඉරලා ඉබ්බාව එළියට ගත්තා. කොට්ටෝරුවත් ගහෙන් බිමට බැස්සා.

බෝධිසත්වයෝ දෙන්නාට කතා කරලා මෙහෙම අවවාද කළා. "මගේ මිතුරනේ.... මගේ පණ බේරුණේ

ඔයාලා දෙන්නා නිසයි. යාළුවෙකුට කළ යුතු උපකාරය ඔයාලා දෙන්නා මට කළා. දැන් වැද්දා ආයෙමත් මෙතෙන්ට ඒවි. ඊට කලින් මගේ කොට්ටෝරුවෝ.... ඔයා හනික දරුමල්ලොත් එක්ක වෙනින් දිහාවකට යන්ට. මගේ මිත්‍ර ඉදිබුවෝ.... අනේ ඔයා පමා නොවී හැකිතාක් ඉක්මණින් විලට බහින්ට." වැද්දා එද්දී එතැන කවුරුත් නෑ. හැමෝම බේරිලා ගියා.

මෙසේ වදාළ බුදුරජාණන් වහන්සේ මේ ගාථාව වදාළා.

02. **මිතුදම හොඳින් රැක්ක ඉදිබුවා**
- එදා විල් ජලයේ කිමිදිලා ගියා
වැද්දාගෙන් පණ රැකගත් ඒ කුරුංග මුවා
- වනවදුලේ සැඟවිලා ගියා
කොට්ටෝරුව දරු පැටවුන් සමගින් ඉගිලී
- වනේ ඈත පියඹලා ගියා
සිතාගත්ත දේ වැරදී දුකට පත්වෙලා වැද්දා
- එදා පැලට හිස් අතින් ගියා

මහණෙනි, එදා වැද්දාගෙන් ජීවිතේ බේරාගත් තුන්දෙනා ම තමන්ගේ දිවි තිබෙන තුරා හොඳින් මිතුදම රැක්කා.

එදා වැද්දා වෙලා සිටියේ මෙදා දේවදත්ත. කොට්ටෝරුවා වෙලා සිටියේ අපගේ ආනන්දයෝ. ඉදිබුවා වෙලා සිටියේ අපගේ මහා මොග්ගල්ලානයෝ. කුරුංග මුවා වෙලා සිටියේ මම යි" කියා භාග්‍යවතුන් වහන්සේ මේ ජාතකය නිමවා වදාළා.

07. අස්සක ජාතකය

අස්සක රජ්ජුරුවන්ගේ කතාව

පින්වතුනේ, පින්වත් දරුවනේ,

තමන් ආසා කළ දේ තමන්ට අහිමිවීම නිසා මේ සසරේ බොහෝ උදවිය දුකින් දොම්නසින් හැඬූ කඳුළින් කල්ගත කරනවා. එය මේ සසරේ ඇති දුක්ඛිත ස්වභාවයයි. නමුත් එබඳු දුකක් තිබියදී ම අප නැවත නැවතත් ඇදී යන්නේ ඒ දෙයට ම යි. මෙයත් එබඳු කතාවක්.

ඒ දිනවල අපගේ භාග්‍යවතුන් වහන්සේ වැඩ වාසය කළේ සැවැත්නුවර ජේතවනයේ. ඒ කාලේ එක්තරා සැමියෙක් ගෙදරට දනුම් දී ගෞතම සසුනේ උතුම් පැවිදි බව ලබා ගත්තා. නමුත් මේ භික්ෂුව ගෙදරත් සමඟ ඇති සම්බන්ධය අත්හැරියේ නෑ. ඇතැම් දිනවල පිඬුසිඟාගත් ආහාරය රළු වූ විට කෙලින් ම ගෙදරට ගොහින් පැරණි බිරිඳ සකසා දෙන දානය පිළිගෙන ඈ සමඟ සතුටු සාමීචි කතා කොට පෙරළා ජේතවනයට එනවා. දවසක් ඒ පැරණි බිරිඳ තම සැමියාව නැවත සිවුරු හරවා ගෙන්නා ගන්නා අදහසින් තමන් ඉතාම දුකසේ අසරණව වාසය කරන බව හඬ හඬා කිව්වා. එතකොට ඒ භික්ෂුවගේ සිතටත් මහා දුකක් ඇති වුනා. සිවුරු අත්හැර ගෙදර එන අදහස ඇති කරගත්තා. මේ ගැන ම කල්පනා කිරීමෙන් මහත් පීඩාවකින් පසුවුනා.

මේ භික්ෂුවගේ උපාධ්‍යායන් වහන්සේට මේ ගැන තේරිලා භාග්‍යවතුන් වහන්සේ ළඟට මොහුව කැඳවාගෙන ගියා. පැරණි බිරිඳ සිවුරු හැර ගෙදර එන්ට කියා නිතර බලපෑම් කරන බව ඒ භික්ෂුව පවසා සිටියා. එතකොට භාග්‍යවතුන් වහන්සේ මෙය වදාළා.

"භික්ෂුව, ඔය ස්ත්‍රියගේ සිතේ ඔබ ගැන ආදරයක් නෑ. මීට කලින් ආත්මෙකත් ඔය ස්ත්‍රිය නිසා ම හඬ හඬා මහා දුකට පත්වෙලා ඉන්ට ඔබට සිද්ධ වුනා." කියලා මේ අතීත කතාව ගෙනහැර දක්වා වදාළා.

"මහණෙනි, ගොඩාක් ඉස්සර කාලෙක කසීරටේ පෝතලී නම් නගරයක් තිබුණා. මේ නගරේ අස්සක නම් රජෙක් රාජ්‍ය කරමින් සිටියා. ඔය රජ්ජුරුවන්ට උබ්බරී කියලා අගමෙහෙසියක් සිටියා. ඈ අතිශයින් ම මනස්කාන්ත රූපශෝභාවකින් යුක්තයි. මිනිස් රූප සෞන්දර්යය ඉක්මවා ගොහින් තිබුණා. දිව්‍ය රූප සෞන්දර්යයට නොපැමිණ තිබුණා. ඒ අස්සක රජ්ජුරුවෝ මෑ කෙරෙහි දැඩි ආදරයකින් බැඳිලා හිටියේ. ඒ උබ්බරී අගබිසොව හදිසියේ ම හටගත් ආබාධයකින් කලුරිය කළා.

දැඩි ශෝකයෙන් වෙලී ගිය රජතුමා ඇයව සිතින් අත්හැර ගන්ට බැරිව මහත් සේ හඬා වැටුනා. ඇගේ මළ සිරුර දෙනක සතප්පවා සුවඳ තෙලේ බහා තමා සැතපෙන යහන යටින් තැබුවා. කෑමක් බීමක් නෑමක් නිදීමක් නැතිව ඈ ගැන ම සිත සිතා ඇඳේ වැතිරී සිටියා.

මේ අස්සක රජුගේ මව්පියොත්, ඥාති මිත්‍රයොත් මෙයාගේ හිත හදන්ට දන්න දේවල් කිය කියා මහන්සි ගත්තා. "මහරජ්ජුරුවනේ, ඔය හැටි ශෝක කරන්ට එපා.

ඒකේ තේරුමක් නෑ. සකස් වූ හැම දෙයක් ම නැසී වැනසී යන ස්වභාවයෙන් යුක්තයි නොවැ. දැන් ඔහොම හඬ හඬා හිටියා කියා දේවීන්නාන්සේට ආයෙ පණ ලැබෙන්නේ නෑ නොවැ" කියලා. ඒ එකක්වත් සාර්ථක වුනේ නෑ. දැන් සත්දොහකුත් ගෙවී ගියා. තවමත් රජ්ජුරුවෝ වැලපි වැලපී ඉන්නේ."

ඔය කාලේ මහාබෝධිසත්වයෝ පඤ්ච අභිඥා අෂ්ටසමාපත්තිලාභීව හිමාල වනයේ වාසය කළා. දවසක් බෝධිසත්වයෝ දිවැස් හෙළා ජම්බුද්වීපය දෙස බලද්දී කසී රටේ පෝතලී නුවර අස්සක රජ්ජුරුවන් ඉතාම අසරණව හඬා වැලපෙමින් ඉන්නා ආකාරය දැක්කා. මං මොහුට උපකාර කළ යුතු ම යි කියලා ඉර්ධියෙන් අහසට පැන නැගී රාජ උද්‍යානයට වැඩියා. මඟුල් ගල් තලාවේ රන් පිළිමයක් වගේ වාඩිවෙලා සිටියා.

පෝතලී නගරයේ වාසය කළ එක්තරා බ්‍රාහ්මණ තරුණයෙක් එදා උයනට ගිය වේලේ බෝධිසත්වයන්ව දැකලා ළඟට ඇවිත් වන්දනා කොට වාඩිවුනා. බෝධිසත්වයෝ ඒ තරුණයා සමඟ පිළිසඳර කතා බස් කොට මෙහෙම ඇහුවා.

"පින්වත, කොහොම ද මේ රටේ ඔබේ රජ්ජුරුවෝ ධාර්මිකව රජකම් කරනවා ද?"

"එහෙමයි, තපස්වීන් වහන්ස, අපේ රජ්ජුරුවෝ ධාර්මිකයි. දැන් සතියකට කලියෙන් රජ්ජුරුවන්ගේ අගබිසොවුන් වහන්සේ හදිසියේ ම කලුරිය කළා. අපේ රජ්ජුරුවෝ දේවීන්නාන්සේට තිබිච්චි ආදරේ වැඩිකොමට ඇගේ වියෝව උහුලාගන්ට බැරි වුනා. ඉතින් රජ්ජුරුවෝ මොකද කළේ, ඇගේ මළසිරුර තෙල් පිරවූ දෙණක

බස්සලා තියාගෙන හඬාවැලපෙමින් ඉන්නවා. අපටත් මේ ගැන හරි සංවේගජනකයි. ඇයි දූන් හත් දොහක් නොවැ."

"ඉතින් දරුව, ඔබ කවුරුත් රජ්ජුරුවන්ව ඔය දුකින් මුදවා ගත්තේ නැද්ද?"

"අනේ තපස්වීන් වහන්ස, ඔබ වහන්සේලා වැනි සිල්වත් මහෝත්තමයන් ජේන්ට සිටිනවා නම් අපේ රජ්ජුරුවන්ව මේ විපැත්තියෙන් බේරාගන්ට ඇහැක් වේවි."

"නමුත් දරුව, මං ඔබේ රජ්ජුරුවන්ව හඳුනන්නේ නෑ නොවැ. හැබැයි රජ්ජුරුවෝ මං ළඟට ඇවිත් මගෙන් ඔය ගැන විමසුවොත් දූන් උබ්බරී බිසොව ඉපදිලා ඉන්න තැනින් රජ්ජුරුවන් ළඟට කැඳවා ඈ ලවා ම කතා කරවන්ට පුළුවනි."

එතකොට අර තරුණයා මහත් ප්‍රීතියෙන් කලබල වෙලා මෙහෙම කිව්වා. "අනේ එහෙමනම් ස්වාමීනී, මෙතැන වැඩ ඉන්ට. මං දූන් ම ගොහින් රජ්ජුරුවන්ව කැඳවාගෙන එන්නම්" කියලා වහාම රජවාසලට දිව්වා. රජ්ජුරුවෝ බැහැදැක්කා.

"දේවයන් වහන්ස, දේවයන් වහන්ස.... තමුන්නාන්සේගේ වාසනාව තමයි. අන්න දිවැස්ලාභී මහා තපස්වීන් වහන්සේ නමක් රජ උයනට හිමාලෙ සිට වැඩම කොරලා ඉන්නවා. උන්නාන්සේ අපේ දේවීන්නාන්සේ දූන් ඉන්න තැන දන්නවා. එතුමිය සැපත් කරවා කතා කරන්ට සලස්සන්ටත් පුළුවනි කිව්වා."

"හෑ..... එහෙමද! මගේ ආදර සොඳුරිය සමග

නැවතත් මට එක වචනයකින් හරි මන බඳිනා බසක් දොඩන්ට පුළුවනි එහෙනම්.... හා.... හා..... දූන් ම යමං" කියලා රජ්ජුරුවෝ මහා සතුටින් නැගිට්ටා. අශ්ව රථයේ නැගී වහා රජඋයනට ගොහින් බෝධිසත්වයන් බැහැ දැක වන්දනා කොට එකත්පස්ව වාඩිවුනා.

"අනේ.... හැබෑද තපස්වීන් වහන්ස, තමුන්නාන්සේ ඒ මාගේ හද බැඳි සියුමැලි සුකොමළ උබ්බරී සුරාංගනාව උපන් තැන දන්නා සේක් ද?"

"එසේය මහරජ.... මම දනිමි."

"අනේ.... මගේ ඒ ආදරී කොහේ ද උපන්නේ?"

"මහරජ.... තොපගේ ඒ උබ්බරී බිසොව තමන්ගේ රූපය නිසා එයින් මුළාවට පත් වී මත් වී සිට තිබෙනවා. හැඩ වැඩ වෙවී ඉඳලා තියෙනවා මිසක් පිනක් කරගෙන නෑ. ඇය මියගොස් තියෙන්නේ හිස් අතින්. දූන් ඈ ඉපදිලා ඉන්නේ ගොම ගොඬේ ගොම කුරුමිණි යෝනියේ. දූන් ඈට කුරුමිණි සැමියෙකුත් ඉන්නවා."

එතකොට රජ්ජුරුවෝ දෑස පියාගෙන කන් වසා ගත්තා. "අහෝ.... නොඇසිය යුත්තක් ම යි මං මේ අසන්නේ. දෙවඟනක් වගේ උන් කෙනෙකු කොහොමද එක්වරම ගොමකුරුමිණිච්චියක් වෙන්නේ? නෑ.... මට නම් ඒක කොහෙත් ම විශ්වාස කරන්ට බැහැ."

"ඔව්.... එක්වරම විශ්වාස නොකරන එක හොඳා. මං ඈව ගෙන්නලා ඈ ලවා ම තොපට කතා කරවන්නම්."

"හොඳයි තපස්වීන් වහන්ස, ඈ ලවා ම කතා කරවන්ට."

එතකොට බෝධිසත්වයෝ තමන්ගේ ආනුභාවයෙන් ඒ වෙද්දිත් ගොම ගුලියක් පෙරලමින් සිටි කුරුමිණිච්චිට සිය සැමි කුරුමිණියාත් සමඟ ම රජු ඉදිරියට පැමිණෙන්ට කියලා අධිෂ්ඨාන කළා. ඒ සැණින් කුරුමිණි ජෝඩුව ගොම ගුලියත් පෙරළාගෙන ම එතැනට ආවා.

"මහරජ.... මේ ඉන්නේ ඒ තොප මහත් සේ ආදරය කළ තොපගේ උබ්බරී දේවියයි. දැන් මිනිස් ආත්මය අත්හැරියාට පස්සේ ගොමකුරුමිණියෙකු පස්සේ වැටිලා එන හැටි ඕං බලාගන්ට."

"අනේ..... ස්වාමීනී.... ඒ සා අති සුන්දර මගේ උබ්බරී දේවී මේ වගේ ගොමකුරුමිණි යෝනියෙහි උපදීවි කියන කතාව නම් මට විශ්වාස කරන්ට බැහැ."

"මහරජ මං දැන් ඈ ලවා කතා කරවන්නම්."

"හොඳයි ස්වාමීනී.... ඈ ලවා කතා කරවන්ට."

එතකොට බෝධිසත්වයෝ තමන්ගේ ආනුභාවයෙන් ඈට කතා කරන්ට සැලැස්සුවා. බෝධිසත්වයෝ ඈගේ පෙර ආත්මේ නමින් කුරුමිණිච්චිට කතා කළා.

"උබ්බරී..."

"ඇයි.... ස්වාමීනී" කියලා ඈ මනුස්ස භාෂාවෙන් ඇහුවා.

"තිගේ මීට කලින් ආත්මේ මනුස්ස ලෝකේ ඉන්නැද්දී නම මොකක්ද?"

"මට තමයි උබ්බරී කිව්වේ."

"හරි.... එතකොට දැන් තී ආදරේ අස්සක රජ්ජුරුවන්ට ද, එහෙම නැත්නම් ඔය සැමියා වන කුරුමිණියාට ද?"

"ස්වාමීනී, ඒ මගේ ගිය ආත්මේ නොවැ. එදා නම් මං එයත් එක්ක මේ උද්‍යානේ පංචකාම සැපතින් යුතුව වාසය කළා තමයි. දැන් මං වෙනත් ආත්මෙක නොවැ ඉන්නේ. දැන් මට උන්දැගෙන් ඇති වැඩක් නෑ. දැන් නං මට කරන්ට තියෙන්නේ ඔය අස්සක රජ්ජුරුවන්ව මරලා ඔහුගේ ගලාගෙන යන රුධිරය මගේ ස්වාමියා වන මේ ගොමකුරුමිණියාගේ පාවල තවරා දමන එකයි" කියලා පිරිස් මැද මිනිස් භාෂාවෙන් මේ ගාථාවන් පැවසුවා.

01. අස්සක නම් රජුත් එක්ක මං ඉස්සර
- මේ උයනේ හරි සතුටින් උන්නේ
මගේ ආදර ඒ සැමියා සමගින් මං කම්සුවයෙන්
- කල් ගෙවමින් උන්නේ
මාත් ඉතින් ඒ කාලේ ඒ දේට ම කැමතිවෙලා
- ඒ මත ම යි උන්නේ
ලස්සන හොඳ රුවක් ඇතිව නිතරම
- හැඩවැඩ පාමින් උජාරුවෙන් උන්නේ

02. ලැබෙන අලුත් සැපය නිසා තමා වින්ද
- පැරණි සැපය අමතක වී යනවා
එලෙසට ම යි අලුත් දුකට තමා වින්ද
- පැරණි දුකත් අමතක වී යනවා
එනිසා ඒ කාලෙදි මට ලැබී තිබුනු
- හැම දෙයක් ම දැන් අමතක වෙනවා
අස්සක මහරජුට වඩා මේ ගොමපණුවට නම්
- මා ඉතා කැමති වෙනවා

මෙය ඇසූ ගමන් රජතුමාට ඈ ගැන තිබුණ බැඳීම නැතිවෙලා ගියා. උයනේ සිටියදී ම සේවකයන් යවා උබ්බරී දේවියගේ දෙන රජවාසලෙන් ඉවත් කෙරෙව්වා. බෝධිසත්වයන්ට වන්දනා කොට බොහෝ පිං දී රජවාසලට ගිහින් හොඳට වතුර නාලා බත් අනුභව කළා. වෙන අගමෙහෙසියක අභිෂේක කරවා දැහැමිව රාජ්‍ය කළා.

මෙය වදාළ භාග්‍යවතුන් වහන්සේ චතුරාර්ය සත්‍යය ධර්මය දේශනා කොට වදාළා. ඒ දේශනාව කෙළවර තම පැරණි බිරිඳ නිසා සිවුරු හරින්ට සිතා සිටි භික්ෂුව සෝවාන් ඵලයට පත් වුනා.

"මහණෙනි, එදා උබ්බරී බිසොව වෙලා සිටියේ මේ භික්ෂුවගේ පැරණි බිරිඳ. අස්සක රජු වෙලා සිටියේ මේ භික්ෂුව. තාපසතුමාට රජතුමා මුණ ගැස්සූ තරුණයා වෙලා සිටියේ අපගේ සාරිපුත්තයෝ. තාපසයාව සිටියේ මම යි" කියා භාග්‍යවතුන් වහන්සේ මේ ජාතකය නිමවා වදාළා.

08. සුංසුමාර ජාතකය
බෝසත් වඳුරාගේ හදවත ඉල්ලූ කිඹුලාගේ කතාව

පින්වතුනේ, පින්වත් දරුවනේ,

දේවදත්තගෙන් අපගේ භාග්‍යවතුන් වහන්සේට සෑහෙන්ට කරදර වුනා. ඔහුගේ සිතේ හටගත් බිහිසුණු අදහස් ක්‍රියාත්මක කරගන්ට කළ හැකි සෑම දෙයක් ම කළා. නමුත් ඔහු සිතූ තරම් එය සාර්ථක වුනේ නෑ. මෙයත් එයට සම්බන්ධ කතාවක්.

ඒ දිනවල අපගේ භාග්‍යවතුන් වහන්සේ වැඩ වාසය කොට වදාළේ සැවැත්නුවර ජේතවනයේ. එදා දම්සභා මණ්ඩපයට රැස්වූ භික්ෂූන් වහන්සේලා භාග්‍යවතුන් වහන්සේව ම විනාශ කිරීමට දේවදත්ත කරන දරුණු ක්‍රියාකාරකම් ගැන මහත් සංවේගයෙන් කතාබස් කරමින් සිටියා. ඒ අවස්ථාවේ භාග්‍යවතුන් වහන්සේ එතැනට වැඩමවා වදාළා. භික්ෂූන් වහන්සේලා තමන් කතා කරමින් සිටි කරුණ භාග්‍යවතුන් වහන්සේට සැළකළා. භාග්‍යවතුන් වහන්සේ මෙසේ වදාළා.

"මහණෙනි, ඕක දේවදත්ත මේ ආත්මේ විතරක් අලුතින් පටන් ගත් දෙයක් නොවේ. මීට කලින් ආත්මවලත් ඔහොම තමයි. මාව නැති කරන්ට මහන්සි ගත්තා. නමුත් ඔහු සිතූ ආකාරයට එය කරගන්ට බැරි වුනා" කියලා මේ

අතීත කතාව ගෙනහැර දක්වා වදාළා.

"මහණෙනි, ගොඩාක් ඉස්සර කාලෙක බරණැස් නගරේ බ්‍රහ්මදත්ත නමින් රජ්ජුරු කෙනෙක් රාජ්‍ය කරමින් සිටියා. ඔය කාලේ මහාබෝධිසත්වයෝ මහා හස්ති රාජයෙකුගේ බලයෙන් යුතුව වඳුරු යෝනියේ ඉපිද සිටියා. ඒ බෝසත් වඳුරා හරි ශක්ති සම්පන්නයි. සිරුරෙනුත් සාමාන්‍ය වඳුරන්ට වඩා සෑහෙන්න උසමහතයි. මහා සම්භාවනීයත්වයෙන් හිටියේ. ඉතින් මේ වඳුරා ගංගා නදිය අසබඩ වනාන්තරේ තමන්ගේ පාඩුවේ වාසය කළා.

ඒ ගංගාවේ එක්තරා කිඹුලෙක් හිටියා. ඔහුත් විශාල කිඹුලෙක්. ඔහු තම බිරිඳ වන කිඹුලිය සමග ඉන්න අතරේ දවසක් මේ කිඹුලියට අර ආනුභාව සම්පන්න බෝසත් වඳුරාව දකින්ට ලැබුනා. එතකොට කිඹුලි මෙහෙම හිතුවා. "ෂා! හරිම ලස්සන වඳුරු රාජයෙක්. අනේ මට මේකාගේ හදවත කන්ට ඇත්නම්!" කියලා දොළදුකක් හට ගත්තා. ඉතින් කිඹුලිය ගිහින් කිඹුලාට ළං වෙලා මෙහෙම කිව්වා. "අනේ.... මේ.... ප්‍රිය ස්වාමී.... ඔයාට පේනවා ද අර අත්තේ වාඩිවෙලා ඉන්න මහා විශාල හැඩකාර වඳුරු රාජයා. අනේ මෙයා.... මට ඒකාගේ හදවත කන්ට ම ඕනෑ."

"සොඳුරී.... ඔයා මොනාද මේ දොඩන්නේ. ඇහැක් දෙයක් ගැන ආසා ඇති කොරගන්ට එපා යැ. මේ අහන්ට... අපි කව්ද? අපි ජලචර සත්තු. අපි ඉන්නේ ජලයේ. ඒකා මොකෙක්ද? ඒකා ගොඩබිම ජීවත්වෙන එකෙක්. ඉතින් අපට ඒකාව අල්ලාගන්ට ඇහැකිය කියල ද ඔයැයි සිතන්නේ?"

"ඕං.... ඕං.... ඔයා කියන කතාව. තමන්ගේ අදරැති බිරිඳගේ දොළදුක සංසිඳුවන්ට ඔයා නොවැ දක්ෂ වෙන්ට

ඕනෑ. ඔයා මොනා හරි කරලා මගේ ආසාව ඉෂ්ට කරලා දෙන්ට. හැබැයි මට මේ අසාව ඉටු කරගන්ට බැරි වුනොත් මං මැරිලා යනවා යනවා ම යි!"

"හරි හරී..... ඔයා ඕකට ඔය හැටි විස්සෝප වෙන්ට කාරි නෑ. මං ඔයාට කොහෝම හරි ඕකාගේ හදමස කවන්නම්කෝ" කියලා කිඹුලියට සැනසිලි වදන් කිව්වා.

බෝධිසත්වයෝ ගංගා නදියෙන් පැන් බීලා ගං ඉවුරේ වාඩිවෙලා සිටිය වෙලාවක කිඹුලා ළඟට ඇවිත් මෙහෙම කිව්වා.

"හා.... වානර රජෝ.... මොකදෑ මේ ඉවුර පැත්තේ තියෙන කහට ගෙඩි විතරක් කකා තමන්ට පුරුදු වෙච්චි තැන විතරක් හැසිරෙන්නේ.? ගංගා නදියෙන් එතෙර යා ගත්තොත් අඹ, ජම්බු වාගේ හරී මිහිරි පලවැල ඕනෑ තරම් තියෙනවා. මොකොද කියන්නේ, ඒ පැත්තේ ගොහින් එවැනි අතිමිහිරි රස පලතුරු බුදින්ට ආසා නැද්ද?"

"අනේ කිඹුල් රජෝ, මං කොහොමෙයි මේ තරම් මහා පළල් ගංගා නදිය තරණය කොරලා ඒ පැත්තට යන්නේ?"

"මොකදෑ බැරි....? ඉතින් ඔහේ යන්ට මනාප නම් මගේ පිටේ තියාන මං ගොහින් ඇරලවඤ්ඤං."

"ඕ.... ඒ අදහසත් හොඳා තමා" කියලා බෝසත් වඳුරා කිඹුලාගේ යෝජනාව ඇත්තක්ය කියා හිතලා කැමති වුනා.

"කෝ.... එහෙනම් මෙහාට එමු. මගේ පිටට ගොඩ උනා නං."

එතකොට බෝසත් වඳුරා කිඹුලාගේ පිටට ගොඩවුනා. කිඹුලා ටික දුරක් දියේ මැදට වඳුරාව

ගෙනිහින් ජලයේ ගිලෙන්ට පටන් ගත්තා.

"හෝ.... හෝ.... මිත්‍රයා ඔහේ මාව දියේ ගිල්ලනවාද? මොකක්ද මේ ඔහේ කොරන්නේ?"

"හහ්.... දනගිය.... මං තොට යහපත සලස්සන්ට ගෙනියනවා නොවෙයි. මාගේ ප්‍රිය බිරින්දෑට දොළ දුකක් උපන්නා. ඈට තොගේ හදමස කවන්ට කැමැත්තෙනුයි මං මේ තෝව ගෙනියන්නේ."

"හෝ.... මිත්‍රයා.... ඒක හරි අගේ ඇති වැඩක් නොවැ. හැබැයි හදවත මගේ පපුවේ තිබ්බා නම් මං මේ ගසින් ගසට පනින වේගෙ බලනකොට සුණුවිසුණු වෙලා යන්ට තිබ්බා."

"එතකොට තෝ හදවත කොහේ ද තිබ්බේ?"

එතකොට බෝධිසත්වයෝ ඉවුර ළඟ ඉදුණු දිඹුල් ගෙඩි තියෙන රුකක් පෙන්නුවා. "ආං.... අර.... අර.... පේනවා ද අර අපූරුවට රතු පාටට රවුමට පේන ඉදුණු ගෙඩියක් පේනවා නේද? ඒ දිඹුල් ගහේ මං එල්ලා ආපු හදවතයි ඒ පේන්නේ."

"හරි.... ඒ හදවත තෝ මට දෙනවා නම්, මම තෝව මරන්නේ නෑ."

"හොඳයි.... මාව එතනට එක්කගෙන පලයන්කෝ. මං ගහේ එල්ලා ආපු හදවත දෙන්නම්." එතකොට කිඹුලා බෝසත් වඳුරාව එතැනට අරගෙන ගියා. වඳුරා සැණෙකින් කිඹුල් පිටෙන් පැන දිඹුල් රුකට ගොඩ වෙලා අත්තක වාඩිවුනා. "එම්බල ළාමක කිඹුලෝ, ලෝකේ සත්වයන්ගේ හෘදමාංශය ගහක එල්ලා තියෙනවාය කියා හිතන්ට තරම් ම තෝ මෝඩයි! මං තෝව රැවට්ටුවා. මේ තියෙන්නේ ගස්වල ගෙඩි ගොනෝ. තොගේ සරීරේ මහා විශාලෙට

තිබ්බාට මොළේ කඳුලක් නෑ" කියලා මේ ගාථාව පැවසුවා.

01. කිඹුලෝ නුඹ රස කර කර මට කියාපු පළතුරු ගැන
- ආශාවක් දැන් මට නැත්තේ
එහෙ තියෙනා අඹ දඹ නාරං
- වරකා තිබුණාවේ ඒ පැත්තේ
තියෙනවා නොවැ මා හට දැන් නිතර කන්ට
- දිඹුල් රුකක් නම් මේ පැත්තේ
නුඹ කියාපු හැම පලවැල පරදාලා
- උතුම් ගසකි මට ඒ ඇත්තේ

02. නුඹටත් කිඹුලෝ ලොකුවට මහා ඇඟක්
- තරබාරුව පිහිටා ඇත්තේ
නමුත් නුඹේ නුවණ සමග ඔය තිබෙනා
- මහ ඇඟ නම් කිසි ගැලපීමක් නැත්තේ
දූන්වත් තොට තේරුණාද මගෙ නුවණින්
- හොඳ හැටියට නුඹ රවටා ඇත්තේ
තොට දෙන්නට මෙහෙ හදවත් නෑ
- තෝ පල ආපසු බිරිඳ ම සිටිනා ඒ පැත්තේ

ඔට්ටුවකින් දහසක් පැරදුන කෙනෙක් වගේ කිඹුල් තඩියා මහා දුකට පත් වුනා. ඇස් අඩවල් කරගෙන ඔහේ බලාගෙන ඉඳලා ඈනුමකුත් ඇරලා තමන්ගේ බිරිඳ ළඟට ම ගියා.

මහණෙනි, එදා කිඹුලා වෙලා සිටියේ දේවදත්ත. කිඹුලී වෙලා සිටියේ චිංචි මානවිකාව. නුවණින් යුක්තව කටයුතු කොට කිඹුලාගේ උපාය වැරැද්දුව වඳුරු රාජයා වෙලා සිටියේ මම යි" කියා භාග්‍යවතුන් වහන්සේ මේ ජාතකය නිමවා වදාළා.

09. කක්කර ජාතකය
වළිකුකුළාගේ කතාව

පින්වතුනේ, පින්වත් දරුවනේ,

අදත් ඇතැම් අය ඉන්නවා. තමන්ගේ කය ලෙඩ වේවි, අසනීප වේවි කියලා මහා භයකින් කය පරෙස්සම් කරගැනීමට නොයෙකුත් ආකාරයෙන් ඕනෑවටත් වඩා සැලකිලිමත් වෙන අය දකින්ට ලැබෙනවා. සමහරවිට එයත් සංසාරගත යම්කිසි හේතුවකින් ඇති වූවක් වෙන්ට පුළුවනි. බුද්ධ කාලෙත් එවැනි දේ වෙලා තියෙනවා. මේ කතාව ඊට හොඳ නිදසුනක්.

ඒ දිනවල අපගේ භාග්‍යවතුන් වහන්සේ වැඩ වාසය කොට වදාළේ සැවැත්නුවර ජේතවනයේ. ඔය කාලේ අපගේ ධර්ම සේනාධිපතීන් වහන්සේගේ ශිෂ්‍ය භික්ෂුවක් සිටියා. ඒ භික්ෂුව තමන්ගේ ශරීරය පරෙස්සම් කරගන්ට නිරන්තරයෙන් ම සැලකිලිමත් වුනා. ශරීරය ලෙඩ දුකට පත් වේවි යන භයින් සීතල වැඩි ආහාරයක් හෝ උෂ්ණාධික ආහාරයක් හෝ අනුභව කළේ නෑ. ඒ වගේ ම අධික සීතල, අධික උණුසුම් කිසිදෙයක් පරිභෝග කළේ නෑ. සීතලට, උණුසුමට තමන්ගේ ශරීරයට හරි පීඩයි කියලා භයෙන් එබඳු අවස්ථාවල කුටියෙන් එළියටවත් බහින්නේ නෑ. බත් වුනත් වැඩිපුර බෙරි වෙලා තිබුනොත්, ටිකක් අමුවෙන් තිබුනොත් නොවළඳා බඩගින්නේ

ඉන්නවා. තමන්ගේ ශරීරයට ලෙඩක් දුකක් ඇති වෙන්ට නොදී ඉතාම දක්ෂ විදිහට හසුරුවන ආකාරය භික්ෂූන් වහන්සේලා අතරත් ප්‍රකට වුනා.

දවසක් දම්සභා මණ්ඩපයට රැස්වූ භික්ෂූන් වහන්සේලා මේ ගැන කතාබස් කරමින් සිටියා. "ඇවැත්නි, දන්නවා ද අසවල් තරුණ උන්නාන්සේ ගැන. තමන්ගේ ශරීරය ලෙඩ දුකකට වැටෙන්ට නොදී නීරෝගීව පවත්වා ගන්ට එයැයි හරි දක්ෂයි නොවැ. හප්පා.... බලන්ට එපායැ හැම තිස්සේ ම හරීම කල්පනාවෙන් ඉන්නේ."

ඒ අවස්ථාවේ අපගේ භාග්‍යවතුන් වහන්සේ එතැනට වැඩම කොට වදළා. භික්ෂූන් වහන්සේලා තමන් කථා කරමින් සිටි කරුණ භාග්‍යවතුන් වහන්සේට සැළකළා. භාග්‍යවතුන් වහන්සේ මෙසේ වදාළා.

"මහණෙනි, ඔය පොඩිනම තමන්ගේ ශරීරය රැකගන්ට දක්ෂ විදිහට කටයුතු කළේ මේ ආත්මේ විතරක් නොවේ. මීට කලින් ආත්මෙකත් ඔය විදිහට ම කටයුතු කළා." කියා මේ අතීත කතාව ගෙනහැර දක්වා වදාළා.

"මහණෙනි, ගොඩාක් ඉස්සර කාලෙක බරණැස් රටේ බ්‍රහ්මදත්ත නම් රජ්ජුරු කෙනෙක් රාජ්‍ය කරමින් සිටියා. ඔය කාලේ බෝධිසත්වයෝ එක්තරා වනාන්තරයක වෘක්ෂ දේවතාවෙක් වෙලා සිටියා. ඒ වනාන්තරේට කුරුළු වැද්දෙක් ගමේ හදාපු වළිකුකුළෙක් අරගෙන ඇවිල්ලා ඌ ලවා හඬලවනවා. ඒ හඬට වනේ ඉන්න වළිකුකුළොත් පිළිතුරු නාද දෙනවා. එතකොට වැද්දා ඒ හඬ ඔස්සේ රැහැන් පොටයි රිටයි ගෙනිහින් වළිකුකුළන්ව බැඳලා අල්ලාගෙන ගෙනියනවා.

දවසක් වැද්දාට අහුවෙච්චි වලිකුකුළෙක් බඳින්ට හදද්දී පැනලා ගියා. වැද්දාත් නොයෙක් අයුරින් ඒ පැනලා ගිය වලිකුකුළාව අල්ලාගන්ට පස්සෙන් පැන්නුවා. වලිකුකුළත් හරිම කල්පනාකාරයා. කිසිම තොණ්ඩුවකට, මද්දකට, උගුලකට තමාව අහුවෙන්ට දුන්නේ ම නෑ. වැද්දත් අත්හැරියේ නෑ. ගස් පඳුරු අස්සේ තමාව කොළඅතුවලින් වහගෙන ගසක් වගේ ඇවිත් මේ වලිකුකුළාව අල්ලාගන්ට කුරුමානම් ඇල්ලුවා. නමුත් එකක්වත් හරිගියේ නෑ. එතකොට වලිකුකුළා වැද්දාව ලැජ්ජාවට පත් කරවන්ට ඕනෑ කියලා මනුස්ස භාෂාවෙන් මේ පළමු ගාථාව පැවසුවා.

01. මේ වනයේ ඇවිදින මං සල්ගස් බුළුගස්
- ආදිය ඕනතරම් දැකල තියෙනවා
ඒ හැම ගසක් ම තිබෙනා තැන
- ඒ අයුරින් එතැන තියෙනවා
නමුත් ළඟදි ඉඳල අලුත් ගහක් ඇවිත්
- අමුතු ලෙසට මෙහි හැසිරෙනවා
එම්බා ගස, නුඹගේ ඔය හැසිරෙන පොට
- හොඳ නැති බව හොඳට පේනවා

මෙහෙම කියලා වලිකුකුළා ඒ පළාත අත්හැර දාලා වෙනත් පළාතකට ගියා. වලිකුකුළා පලා ගිය බව දැනගත්තාට පස්සේ වැද්දා මේ දෙවෙනි ගාථාව පැවසුවා.

02. කලින් මගේ උගුලේ සිටිය ඒ පුරාණ
- වලිකුකුළා නේද ඔය දුවන්නේ
මං අටවපු හැම උගුලට හසුනොවෙන්ට
- හැමවිට නුඹ සීරුවෙනුයි උන්නේ
වලිකුකුළෝ නුඹ නම් මහ හපනෙක් ම යි

- ඒ බව මං නැත දූනගෙන උන්නේ
මටත් හොඳට දෙකක් කියා වෙන තැනකට
- පලාගියා දූනුයි එයත් දන්නේ

ඉතින් මහණෙනි, ඒ කුරුළු වැද්දා ඕක කියලා වනයේ ඇවිදලා තමාට ලැබුණු දෙයක් අරගෙන පැලට ගියා. මහණෙනි, එදා කුරුළු වැද්දා වෙලා සිටියේ දේවදත්ත. තමාව රැකගැනීමෙහි දක්ෂ වෙලා උන් වළිකුකුළා වෙලා සිටියේ ඔය පොඩිනම. මේ සිදුවීම දෙස බලා සිටි වෘක්ෂ දේවතාවා වෙලා සිටියේ මම යි” කියා භාග්‍යවතුන් වහන්සේ මේ ජාතකය නිමවා වදාළා.

10. කන්දගලක ජාතකය

කන්දගලකයාගේ කතාව

පින්වතුනේ, පින්වත් දරුවනේ,

මේ කතාවෙන් කියැවෙන්නේ දේවදත්තයා ගයාවේ ගයාශීර්ෂ විහාරයේදී සාරිපුත්ත-මොග්ගල්ලාන මහරහතන් වහන්සේලා ඉදිරියේ බුද්ධලීලාවන් පාන්ට ගිය කරුණ අරභයා වදාළ ජාතකයකුයි.

ඒ දිනවල භාග්‍යවතුන් වහන්සේ වැඩ වාසය කොට වදාළේ සැවැත්නුවර ජේතවනයේ. එදා දම්සභා මණ්ඩපයේදී භික්ෂූන් වහන්සේලා මේ ගැන කතා කරමින් සිටියා. ඒ අවස්ථාවේ අපගේ භාග්‍යවතුන් වහන්සේ එතැනට වැඩම කොට භික්ෂූන්ගේ කතාව අසා මෙසේ වදාළා.

"මහණෙනි, මේ ආත්මයේ දේවදත්ත තථාගතයන්ව අනුකරණය කොට බුද්ධලීලා පාන්ට ගොසින් අමාරුවේ වැටුනා. මීට කලින් ආත්මයකදී බෝධිසත්වයන්ව අනුකරණය කරන්ට යෑමෙනුත් තමන්ට ලොකු විනාශයක් කරගත්තා" කියා මේ අතීත කතාව ගෙනහැර දක්වා වදාළා.

"මහණෙනි, ගොඩාක් ඉස්සර කාලෙක බරණැස්නුවර බ්‍රහ්මදත්ත නමින් රජ්ජුරු කෙනෙක් රාජ්‍ය

කළා. ඔය කාලේ බෝධිසත්වයෝ හිමාලවනයේ රුක් බෙනයක කොට්ටෝරුවෙක් වෙලා උපන්නා. මොහු ගොදුරු සොයාගෙන ගියේ අසල ඇති කිහිරි වනයකට යි. ඒ නිසා ඒ කොට්ටෝරුවාට 'ඛදිරවනිය' යන නම ලැබුණා. මේ ඛදිරවනියට කන්දගළක නමින් තවත් යහළු කොට්ටෝරුවෙක් සිටියා. ඔහු ගොදුරු සොයාගෙන ගියේ පාළිභද්දක නමැති වනයට යි.

දවසක් මේ කන්දගළක නම් කොට්ටෝරුවා ඛදිරවනිය සොයාගෙන ආවා. එතකොට ඛදිරවනිය 'මේ කන්දගළක මිත්‍රයා මෙහෙ ආවා නොවැ' කියලා කන්දගළකවත් අරගෙන ඛදිරවනයට ගියා. ගිහින් කිහිරි ගස් බෙනවලට කොටලා තුඩින් පණුවන් එළියට අරං අරං කන්දගළකට දුන්නා. කන්දගළකත් දෙන දෙන ඒවා රසවත් පැණි කැවුම් වගේ පණුවන්ව කඩ කඩ කෑවා.

ඔහොම කකා ඉන්නකොට කන්දගළකට මහා උඩඟුකමක් හටගත්තා. 'ඕ.... මෙයාත් ගස්වලට කොටන යෝනියේ උපන්න කුරුල්ලෙක්. ඉතින් මාත් එහෙම එකෙක් නොවැ. ඉතින් එහෙම එකේ මං මක්කෙටයි මෙයා දුන්න දෙයින් යැපෙන්නේ? මටත් පුළුවන් නොවැ තනියම මගේ ගොදුරු සොයාගන්ට.'

මෙහෙම හිතලා කන්දගළකයා ඛදිරවනියට මෙහෙම කිව්වා. "මිත්‍රයා.... අනේ ඔහේ මං වෙනුවෙන් ඔය තරම් දුක් ගන්ට ඕනෑ නෑ. මටත් මේ කිහිරි වනයේ ඕනෑතරම් ගොදුරු සොයන්ට පුළුවනි."

"නෑ.... කන්දගළක.... ඔයා පාළිභද්දක හිඹුල්වනේ අරටු නැති ගස්වලට කොටලා ගොදුරු සොයා කන්ට පුරුදු වෙච්චි අයෙක්. කිහිරි ගස් එහෙම නොවේ. තද

අරටුව තියෙනවා. දැඩියි. ඒ නිසා ඔය වැඩේ ඔහේ කොරන්ට යන එක නවත්තනවා නම් හොඳයි කියලයි මං කියන්නේ."

"හනේ.... එහෙම එකක් නෑ. ඇයි මාත් කොට්ටෝරු යෝනියේ උපන් එකෙක් නොවෙයි ද? ඕං.... බලාගන්ට එහෙනම්" කියලා බෝධිසත්වයන්ගේ අවවාදය කිසිසේත් නොපිළිගෙන වේගයෙන් ගිහින් කිහිරි ගසකට තුඩින් පහර දුන්නා. ඒ වේලේ ම තුඩ කැඩිලා ගියා. ඇස් එළියට පැන්නා. හිස පිපිරුවා. කිහිරි කඳේ පිහිටා සිටින්ට බැරිව බිමට ඇදගෙන වැටුනා. වැටිලා මේ ගාථාව පැවසුවා.

01. අනේ භවත් ඛදිරවනිය, නම මක්කෙයි මේ ගසේ
පත් සිනිඳුයි කටු තියෙනව පේන්නේ බරපතල සේ
එක පාරයි මං කෙටුවේ හනේ හපොයි මගෙ විසේ
තුඩත් කැඩී ගියා මගේ පැලුනා නොවැ මේ හිසේ

කියලා මහා හඬින් වැලපෙන්ට ගත්තා. එතකොට ඛදිරවනිය මේ ගාථාවෙන් පිළිතුරු දුන්නා.

02. කිහිරි වනේ අරටු සහිත ගස් කොටලා
- ඔබට පුරුදු නැත්තේ
ඔබ ගොදුරු ගත්තු වනේ ඉඹුල් ගස්වල
- අරටුත් දකින්ට නැත්තේ
අරටු සහිත කිහිරි ගසට කොටන්ට ගොස්
- ඔබ වරදා ගත්තේ
කන්දගළක එනිසා ම යි ඔබේ හොටත්
- ඔබේ හිසත් දෙක ම කඩා ගත්තේ

කන්දගළක.... ඔබට ම යි මේ වැරදීම වුනේ. මේ කිහිරි ගස් හොඳට අරටුව යුතු දැඩි ගස් නොවැ" කියලා

බෝධිසත්වයෝ කිව්වා. කන්දගලකයා එතැන ම මරණයට පත් වුනා.

මහණෙනි, එදා ඛදිරවනිය අනුකරණය කරන්ට ගිහින් මරණයට පත්වූ කන්දගලක වෙලා හිටියේ දේවදත්ත. ඛදිරවනිය වෙලා හිටියේ මම යි" කියා භාග්‍යවතුන් වහන්සේ මේ ජාතකය නිමවා වදාළා.

සයවැනි නතංදළ්හ වර්ගය යි.

මහාමේඝ ප්‍රකාශන

පූජ්‍ය කිරිබත්ගොඩ ඤාණානන්ද ස්වාමීන් වහන්සේ විසින් රචිත
සියලුම සදහම් ග්‍රන්ථ සහ ධර්ම දේශනා ලබාගැනීමට

ත්‍රිපිටක සදහම් පොත් මැදුර

අංක 70/A/7/OB, YMBA ගොඩනැගිල්ල, බොරැල්ල, කොළඹ 08
දුර : 077 47 47 161 / 011 425 59 87
ඊ-මේල් : thripitakasadahambooks@gmail.com

www.ingramcontent.com/pod-product-compliance
Lightning Source LLC
Chambersburg PA
CBHW060718030426
42337CB00017B/2914
* 9 7 8 9 5 5 6 8 7 1 3 6 4 *